MANUEL

D'UN

CODE ECCLÉSIASTIQUE.

Strasbourg, imprimerie de Ve Berger-Levrault.

MANUEL

D'UN

CODE ECCLÉSIASTIQUE

A L'USAGE

DES DEUX ÉGLISES PROTESTANTES DE FRANCE,

PAR

CH. BUOB,

DOCTEUR EN THÉOLOGIE, LICENCIÉ ÈS LETTRES,

Pasteur à Reitwiller.

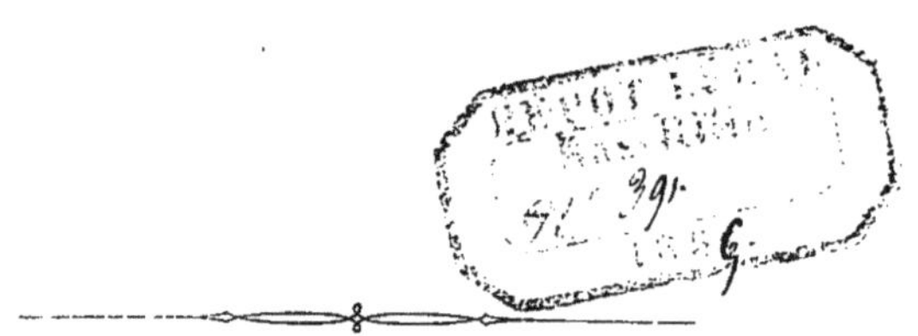

VEUVE BERGER-LEVRAULT ET FILS, LIBRAIRES,

PARIS, RUE DES SAINTS-PÈRES, 8. | **STRASBOURG,** RUE DES JUIFS, 33.

1855.

Clef des principales abréviations.

C. N. = Code Napoléon.
D. = Décret du 26 mars 1852.
G. = Loi de germinal an X, portant organisation des cultes protestants.
G. C. = Loi de germinal an X, portant organisation du culte catholique.
R. = Recueil officiel des actes du Directoire de la Confession d'Augsbourg.

Avant-propos.

Les éléments de notre nouvelle législation ecclésiastique demandent à être connus de près, à être considérés dans leur ensemble. Le Décret du 26 mars n'était destiné qu'à jeter les fondements d'une meilleure organisation de notre communauté religieuse. Les arrêtés, les règlements, les circulaires que nous avons vus depuis, ont développé un à un les principes dont les germes étaient déposés dans la loi nouvelle. Il pouvait sembler désirable que toutes ces dispositions diverses, de même que les anciennes encore en vigueur, fussent réunies, fondues dans un travail général, pour être mieux à la portée tant des pasteurs que des fidèles. Tel est le travail que nous avons entrepris, et que nous soumettons aujourd'hui au public.

Notre essai toutefois n'est destiné qu'à donner les indications de première nécessité. Nous nous sommes attaché aux seules dispositions dont l'application est la plus universelle, et l'intelligence la plus indispensable. Il n'a point été dans notre pensée d'aspirer à la gloire de ne rien négliger. Notre temps est redevable d'une nouvelle organisation religieuse du protestantisme à un Gouvernement qui, au milieu des plus sérieuses complications, s'aidant de toutes les lumières et de l'avis de toutes les autorités constituées, a su mener à bonne fin une entreprise vingt fois avortée sous les régimes précédents, à des époques de paix et de sécurité profonde. C'est cette œuvre, combinée avec celle de Germinal, que nous avons pris à tâche d'analyser dans ses éléments les plus fondamentaux. Laissant de côté tous les principes législatifs ou réglementaires qui aujourd'hui doivent être considérés comme abrogés, reproduisant celles des dispositions de la loi de l'an X, et ceux des anciens règlements qui restent en vigueur, tenant compte des développements et des modifications qu'y apportent les lois ou autres prescriptions postérieures, étudiant surtout le Décret organique le plus récent, tant en lui-même que dans les interprétations soit ministérielles, soit directoriales qui l'ont suivi, nous nous efforçons de composer de ces divers éléments un tableau d'ensemble.

Pour plus de netteté, pour mieux atteindre la plus parfaite impartialité d'exposition, pour satisfaire plus sûrement les exigences de tous les lecteurs, nous nous sommes interdit toute espèce d'appréciation; on lui aurait pu reprocher de partir d'un point de vue personnel. Notre essai n'est qu'une étude historique, et non un traité de théorie. Nous n'aspirons pas à discuter nos institutions, mais seulement à les rapporter avec exactitude. La plus consciencieuse fidélité a été le seul but auquel nous ayons visé.

Qu'il se hasarde donc, notre petit livre, dans le vaste champ de la publicité. Nous recevrons avec empressement les rectifications qui pourront nous être faites. Tout incomplet qu'il est, notre essai n'en sera, peut-être, pas moins utile à la cause commune: il le serait suffisamment, si par ses imperfections et ses lacunes il engageait une plume plus exercée que la nôtre à reprendre la même étude, pour la soumettre au public sous une forme plus satisfaisante. Alors encore nous n'aurions pas écrit en vain.

MANUEL

D'UN

CODE ECCLÉSIASTIQUE

A L'USAGE

DES DEUX ÉGLISES PROTESTANTES DE FRANCE.

TITRE PREMIER.

Dispositions générales.

1. *La Constitution reconnaît et garantit les grands principes proclamés en* 1789, *et qui sont la base du droit public des Français* (Constit. du 14 janv. 1852, 1).

Parmi ces principes nous remarquerons les suivants :

a) *Liberté religieuse.*

«Nul ne doit être inquiété pour ses opinions, même religieuses, pourvu que leur manifestation ne trouble pas l'ordre public établi par la loi» (Déclarat. des droits de 1789, 10). Cette disposition a été confirmée par la déclaration encore plus explicite de la Constitution de 1791, qui garantit «à tout homme la liberté d'exercer le culte religieux auquel il est attaché.»

b) *Égalité civile et politique.*

«Tous les citoyens étant égaux aux yeux de l'Assemblée nationale, sont également admissibles à toutes dignités, places et emplois publics, selon leur capacité, et sans autres distinctions que celles de leurs vertus et de leurs talents» (Décl. des droits de 1789, 11).

Avec l'égalité civile, l'égalité politique a passé depuis 1789 de nos lois dans nos mœurs, et a été confirmée de nouveau par le suffrage universel rétabli par Louis Napoléon le 2 décembre 1851.

c) *Distinction du domaine temporel et du domaine spirituel.*

Elle est en germe dans la révolution de 1789. On peut considérer, comme l'ayant plus nettement formulée, le Décret du 20 septembre 1792, qui ordonne le transport des registres de l'état civil entre les mains des magistrats de la commune, et déclare que «les municipalités recevront et conserveront les actes destinés à constater les naissances, mariages et décès.» C'est à ce Décret que remontent l'établissement du mariage civil et la distinction d'immense portée dont il s'agit.

A ces trois principes se rattache :

d) Celui de la *protection des cultes reconnus par l'État*, tel qu'il est sanctionné par le Code pénal (févr. 1810), dans le paragraphe intitulé: Entraves au libre exercice des cultes, où il est dit:

«Tout particulier qui, par des voies de fait ou des menaces, aura contraint ou empêché une ou plusieurs personnes d'exercer l'un des cultes autorisés, d'assister à l'exercice de ce culte, de célébrer certaines fêtes, d'observer certains jours de repos,.... sera puni d'une amende de 16 fr. à 200 fr., et d'un emprisonnement de six jours à deux mois» (C. P. 260. R. I, 63).

«Ceux qui auront empêché, retardé ou interrompu les exercices d'un culte par des troubles ou désordres causés dans le temple ou autre lieu destiné ou servant actuellement à ces exercices, seront punis d'une amende de 16 fr. à 300 fr. et d'un emprisonnement de six jours à trois mois» (C. P. 261. R. *ib.*).

«Toute personne qui aura par paroles ou gestes outragé les objets d'un culte dans les lieux destinés ou servant actuellement à son exercice, ou les ministres de ce culte dans leurs fonctions, sera punie d'une amende de 16 fr. à 500 fr. et d'un emprisonnement de 15 jours à 6 mois» (C. P. 262. R. *ib.*).

«Quiconque aura frappé le ministre d'un culte dans ses fonctions, sera puni de la dégradation civique» (C. P. 263. Loi du 28 avril 1832. R. I, *ib.*).

«Les dispositions du présent paragraphe ne s'appliquent qu'aux troubles, outrages ou voies de fait dont la nature ou les circonstances ne donnent pas lieu à de plus fortes peines d'après les autres dispositions du présent Code» (C. P. 264. R. *ib.*).

Les principes susmentionnés ont constitué la société laïque dans une sphère indépendante de l'Église, rendu aux protestants la pleine jouissance de leurs droits civils, et jeté les fondements de la véritable liberté religieuse, aujourd'hui pleinement reconnue. Les expressions même qui dans les chartes précédentes avaient encore pu donner lieu à quelques doutes, ne se trouvent plus dans la constitution de 1852. Non-seulement nous n'avons plus de culte exclusif régnant en maître absolu, ni de religion d'État tyrannique, mais, ce qui plus est, le terme ambigu de religion de la majorité des Français est rayé de la loi fondamentale du pays. Ce qui du point de vue d'une foi spéciale peut être considéré comme péché n'est plus assimilé au délit, l'erreur confessionnelle ou la dissidence n'est plus imputée à crime, la loi civile n'est plus confondue avec la loi religieuse. Le citoyen est nettement distingué du fidèle, et les choses spirituelles sont reconnues dans leur indépendance des choses temporelles, indépendance qui n'exclut point les rapports réciproques.

Toutes ces précieuses conquêtes, sanctionnées par la constitution de 1852, sont placées sous la garde spéciale de l'un des plus grands pouvoirs de l'État: «Le sénat s'oppose à la promulgation des lois qui seraient contraires ou qui porteraient atteinte... à la religion ou à la liberté des cultes» (Constit. de 1852. 26).

Le peuple français lui-même, devant lequel l'Empereur est responsable (*ib.* 5), nous est garant de cette liberté.

On sait du reste les Décrets spéciaux qui confirment dans leurs droits garantis par les traités antérieurs et surtout par la paix de Westphalie, soit les protestants d'Alsace (du 24 août 1790. R. I. 83), soit ceux du pays de Montbéliard (du 18 sept. 1790. R. II, 108), soit ceux de l'une et l'autre contrée (du 10 déc. 1790. R. I, 84).

2. *Nul ne pourra exercer les fonctions du culte, s'il n'est Français* (G. 1).

C'est la règle commune pour toutes les fonctions publiques.

On estime la population française de la Confession d'Augsbourg à environ 300,000; celle de la communion réformée à environ 1,200,000 âmes; total 1,500,000 (Read, p. 7)[1]. La statistique de la France, par M. Schnitzler (Paris 1846, 2 vol.), donne des chiffres plus élevés et qui nous paraissent plus justes : Confession d'Augsbourg, 400,000; communion réformée, 1,400,000;

1. Les titres complets des ouvrages que nous citons, se trouvent à la fin du présent volume.

total, 1,800,000 (II, 120). Le dénombrement exact n'a point été fait, et présenterait des difficultés presque insurmontables.

3. *Les Églises protestantes, ni leurs ministres ne pourront avoir des relations avec aucune puissance ni autorité étrangère.* (G. 2).

Tout ministre d'un culte qui aura, sur des questions ou matières religieuses, entretenu une correspondance avec une Cour ou puissance étrangère, sans en avoir préalablement informé le ministre de l'Empereur, sera, pour ce seul fait, puni d'une amende de 100 fr. à 500 fr. et d'un emprisonnement d'un mois à deux ans (C. P. 207. R. I, 62).

Si la correspondance a été accompagnée ou suivie d'autres faits contraires aux dispositions formelles d'une loi ou d'un décret de l'Empereur, le coupable sera puni du bannissement, à moins que la peine résultant de la nature de ces faits ne soit plus forte, auquel cas cette peine plus forte sera seule appliquée (C. P. 208. R. *ib.*).

4. *Les pasteurs et les ministres des diverses communions protestantes prieront et feront prier, dans la récitation de leurs offices, pour la prospérité de l'Empire français et de l'Empereur* (G. 3).

La formule prescrite par le Directoire de la Confession d'Augsbourg est, pour les services célébrés en français : *Protége, Seigneur l'Empire français! Protége et bénis l'Empereur Napoléon!* pour les services célébrés en allemand : *Gott, beschütze und segne das französische Reich, und unsern Kaiser Napoleon!* (R. X, 67).[1]

La formule adoptée par le Consistoire réformé de Paris pour les paroisses de son ressort, et généralement en usage dans les églises réformées, est ainsi conçue : *Nous t'adressons particulièrement nos vœux pour l'Empereur; répands sur lui tes bénédictions; dirige ses vues et ses entreprises, et fais que sous son gouvernement nous voyions régner, dans notre patrie, la religion chrétienne, la paix et la prospérité.*

Si les pasteurs doivent prier pour l'Empire et l'Empereur, ils

1. Les prescriptions directoriales n'ont de valeur impérative que pour l'Église de la Confession d'Augsbourg. Mais, soit à titre de renseignement ou de conseil, soit à titre d'interprétation de l'esprit de la législation, elles sont bonnes à connaître même pour les Églises réformées. Cette remarque s'applique aux nombreuses prescriptions directoriales que nous citerons dans le cours du présent travail, lorsque, par la nature même des choses, elles ne seront pas exclusivement applicables à l'Église de la Confession d'Augsbourg.

doivent, à plus forte raison, s'abstenir de toutes critiques, censures ou provocations dirigées contre l'autorité publique, ou susceptibles de causer des troubles, de soulever et d'armer une partie des citoyens contre les autres.

Les ministres qui prononceront, dans l'exercice de leur ministère et en assemblée publique, un *discours* contenant la critique ou censure du Gouvernement, d'une loi, d'un décret impérial ou de tout autre acte de l'autorité publique, seront punis d'un emprisonnement de 3 mois à 2 ans (C. P. 201. R. I, 61).

Si le discours contient une provocation directe à la désobéissance aux lois ou autres actes de l'autorité publique, ou s'il tend à soulever ou armer une partie des citoyens contre les autres, le ministre qui l'aura prononcé sera puni d'un emprisonnement de deux à cinq ans, si la provocation n'a été suivie d'aucun effet; et du bannissement, si elle a donné lieu à désobéissance, autre toutefois que celle qui aurait dégénéré en sédition ou révolte (C. P. 202. R. *ib.*).

Lorsque la provocation aura été suivie d'une sédition ou révolte dont la nature donnera lieu contre l'un ou plusieurs des coupables à une peine plus forte que celle du bannissement, cette peine, quelle qu'elle soit, sera appliquée au ministre coupable de la provocation (C. P. 203. R. I, 62).

Tout *écrit* contenant des instructions pastorales, en quelque forme que ce soit, et dans lequel un ministre se sera ingéré de critiquer ou censurer soit le Gouvernement, soit tout acte de l'autorité publique, emportera la peine du bannissement contre le ministre qui l'aura publié (C. P. 204. R. *ib.*).

Si l'écrit mentionné contient une provocation directe à la désobéissance aux lois ou autres actes de l'autorité publique, ou s'il tend à soulever ou armer une partie des citoyens contre les autres, le ministre qui l'aura publié sera puni de la détention (C. P. 205. R. *ib.*).

Lorsque la provocation contenue dans l'écrit pastoral aura été suivie d'une sédition ou révolte dont la nature donnera lieu contre l'un ou plusieurs des coupables à une peine plus forte que celle de la détention, cette peine, quelle qu'elle soit, sera appliquée au ministre coupable de la provocation (C. P. 206. R. *ib.*).

5. *Aucune décision doctrinale ou dogmatique, aucun formulaire sous le titre de confession ou sous tout autre titre, ne pour-*

ront être publiés ou devenir la matière de l'enseignement, avant que le Gouvernement en ait autorisé la publication ou promulgation (G. 4).

Des dispositions semblables garantissent les droits de l'État vis-à-vis du culte catholique. Elles résultent toutes du droit de l'autorité temporelle *circa sacra*, ou relatif aux questions d'ordre public dans la communauté religieuse, bien à distinguer du *jus sacrorum* convenant en principe à l'Église, légalement exercé par l'autorité ecclésiastique, et consistant dans le droit de l'Église de régir exclusivement par elle-même ce qui est du domaine pur de la foi. Le législateur veut que nous voyions dans ces dispositions non pas un gouvernement catholique se faisant juge des croyances protestantes, mais uniquement une autorité civile active à prévenir tout ce qui pourrait être contraire à la Constitution ou au bien de l'État. Du reste, dans les circonstances ordinaires, le Gouvernement n'exerce pas ce droit directement; il s'en remet à cet égard, dans l'Église luthérienne, au Consistoire supérieur, dans l'Église réformée, au commun accord des consistoires, corps dont les décisions, prises de concert avec les églises, sont soumises à son approbation. Mais en cas de luttes dans nos communautés religieuses, sur les matières prévues, l'autorité civile interviendrait.

En ce moment le *Ministère des cultes*, auquel appartient le droit en question, est réuni à celui de l'instruction publique. Sous l'autorité immédiate du Ministre, travaille le Directeur général de l'administration des cultes; il est chargé de l'administration générale des affaires, signe la correspondance avec les autorités ecclésiastiques, les fonctionnaires publics et autres personnes pour l'instruction des affaires, et donne les directions nécessaires pour l'exécution des lois, actes du Gouvernement et décisions du Ministre. Il délivre les expéditions des actes et les légalisations. Il soumet à l'approbation du Ministre les arrêtés et dépêches portant décision définitive, nominations aux emplois, imputations de dépenses sur les crédits du budget des cultes et règlement des comptes (Arr. minist. du 19 juin 1848, R. V, 99). Le chef actuel du service des cultes non catholiques est plus spécialement chargé de toutes les affaires qui concernent les cultes protestants (Almanach impérial de 1854).

La seule confession de foi officiellement reconnue est celle d'Augsbourg, pour l'Église luthérienne; celle dite de La Rochelle pour l'Église réformée. Nous ne trouvons, ni dans la loi, ni dans les prescriptions directoriales, aucune donnée relative à un engagement spécial à prendre à leur égard par les ministres du Saint-Évangile ou par les pasteurs. Mais en tout cas la confession de foi reçue ne saurait être attaquée par un pasteur dans l'exercice de ses fonctions. Aucune autre confession quelconque ne saurait être introduite à sa place, sans l'autorisation du Gouvernement. On ne saurait non plus opérer officiellement un choix parmi les articles de la confession reconnue, dans le but d'en omettre plusieurs pour n'en conserver que les autres ; ce choix même est précisément une des modifications que la loi ne permet pas de décider sans contrôle (Lett. min. au conseil presb. réformé du Mas-d'Azil, du 2 sept. 1853).

6. *Aucun changement dans la discipline n'aura lieu sans la même autorisation* (G. 5).

Les règlements disciplinaires sont soumis au Gouvernement, surtout pour leur donner la force voulue. L'Église de la Confession d'Augsbourg n'a d'autre discipline officiellement reconnue, que celle dont il sera question sous le titre des pasteurs et sous celui du registre paroissial. Quant à ce qui concerne l'Église réformée, l'article ci-dessus reconnaît l'ancienne discipline dans toutes celles de ses dispositions qui ne sont pas abrogées par les lois nouvelles et les arrêtés ou règlements qui, depuis l'an X, régissent ces communautés. Remarquons toutefois que si la loi défend l'établissement arbitraire d'une discipline nouvelle, elle ne prescrit pas pour cela la stricte observation de l'ancienne, même dans ceux de ses articles qui ne sont pas explicitement abrogés. A ce sujet elle laisse aux églises pleine liberté. Il entrera sans doute dans les attributions du Conseil central définitif de pourvoir plus tard au maintien de tout ce qui, sous ce rapport, devra être considéré comme étant en vigueur, et d'introduire peu à peu l'uniformité désirable.

7. *Le Conseil d'État connaîtra de toutes les entreprises des ministres du culte, et de toutes dissensions qui pourront s'élever entre ces ministres* (G. 6).

Le Conseil d'État connaîtra de ces faits, sans préjudice des droits des autorités intermédiaires, selon l'ordre hiérarchique, ou de ceux de l'État lui-même.

Il y aura *recours au Conseil d'État:*

a) Dans tous les cas *d'abus* de la part de personnes ecclésiastiques. Ces cas d'abus sont l'usurpation ou l'excès de pouvoir, la contravention aux lois et règlements de l'Empire, l'infraction aux règles consacrées dans l'Église, et toute entreprise ou tout procédé qui, dans l'exercice du culte, peut compromettre l'honneur des citoyens, troubler arbitrairement leur conscience, dégénérer contre eux en oppression, en injure ou en scandale public (G. C. 6).

b) S'il est porté atteinte (par un fonctionnaire du Gouvernement) à l'exercice public du culte et à la liberté que les lois et règlements garantissent à ses ministres (*Ib.* 7).

Le recours compétera à toute personne intéressée. A défaut de plainte particulière, il sera exercé d'office par les préfets. Le fonctionnaire public, l'ecclésiastique ou la personne qui voudra exercer ce recours, adressera un mémoire détaillé et signé au Ministre des cultes, lequel sera tenu de prendre, dans le plus court délai, tous les renseignements convenables, et, sur son rapport, l'affaire sera suivie et définitivement terminée dans la forme administrative, ou renvoyée, selon l'exigence des cas, aux autorités compétentes (*Ib.* 8).

Il y a donc lieu à un *appel comme d'abus :*

1.° Contre un ecclésiastique, par exemple pour refus public de sacrement, refus de sépulture, inculpation, dans un discours public, contre un culte autorisé dans l'État, rapports illégaux que les consistoires ou les conseils presbytéraux établiraient entre eux;

2.° Contre un fonctionnaire public, chaque fois que celui-ci tendrait à entraver le libre exercice du culte (les atteintes portées au culte par les particuliers rentrent dans la classe des délits ordinaires);

3.° Contre l'autorité ecclésiastique supérieure, en cas de déni de justice administrative envers un pasteur.

Il ne s'agit ici que des actes qui, sans constituer un crime ou un délit, seraient contraires aux lois et règlements spéciaux sur l'exercice du culte. Quant aux *délits communs* dont un pasteur se serait rendu coupable, ceux qui ne sont poursuivis qu'à la requête d'une partie privée, exigent aussi l'intervention du Conseil d'État; la constitution de l'an VIII (art. 75) donne à tous les fonctionnaires publics cette précieuse garantie de sécurité (Vivien, II, p. 287). Les délits, au contraire, qui sont poursuivis par le ministère public, sont immédiatement justiciables des tribunaux ordinaires, devant lesquels, d'après la jurisprudence de la Cour de cassation, le pasteur peut être alors cité directement, sans autorisation préalable du Conseil d'État (Décision du Conseil d'État, du 28 mars 1831, et arrêt de la Cour de cassation, du 28 juin même année).[1]

8. *Il sera pourvu au traitement des pasteurs des églises consistoriales; bien entendu qu'on imputera sur ce traitement les biens que ces églises possèdent* (G. 7).

a. *Traitement des pasteurs.*

Le traitement des pasteurs est réglé d'après la population des communes où ils exercent leur ministère. Ceux de Paris (hors ligne) reçoivent 3000 fr.; ceux des églises des communes dont la population est au-dessus de 30,000 âmes (1.re classe) 2000 fr.; ceux des communes dont la population s'élève de 5000 âmes inclusivement à 30,000 (2.e classe) 1800 fr.; ceux des communes dont la population est exclusivement au-dessous de 5000 âmes (3.e classe) 1500 fr. (Arr. du 15 germ. XII, R. II, 57; et Ord. roy. du 12 oct. 1842, R. II, 87). Le traitement des pasteurs en Algérie est de 2400 et 3000 fr. (Read, p. 12) vu la position exceptionnelle de ces ministres.

D'après le budget de 1855, il y a en France :

1.o Pour le culte de la Confession d'Augsbourg, 4 places de pasteur (aujourd'hui 5) à 3000 fr. (Paris); 25 à 2000 fr. (Strasbourg, la Robertsau et le Neuhof); 16 à 1800 fr. (Montbéliard 5,

1. Les dispositions susmentionnées sur les cas d'abus s'appliquent bien réellement, nous le pensons, aux ecclésiastiques protestants tout comme aux membres du clergé catholique. Non que nous croyions les libertés de notre Église limitées par des dispositions empruntées à une loi qui régit un autre culte que le nôtre; mais il est, ce semble, dans les lois imposées à l'exercice du culte de la majorité des Français, des règles communes à tous les cultes reconnus. La mesure de l'application à notre Église d'une loi primitivement donnée en vue du culte catholique, est, il est vrai, sujette à contestation. Toutefois l'analogie ne laisse pas que d'offrir, dans ces cas, un haut intérêt. Qu'on veuille bien appliquer cette remarque à tous les passages subséquents où, pour éclaircir une question douteuse, nous aurons recours à un texte de loi originairement étranger aux affaires de notre communion.

Colmar 4, Wissembourg 2, Sainte-Marie-aux-Mines, Eschery, Ribeauvillé, Bischwiller, Schlestadt); 202 à 1500 fr., et 2 places de pasteur adjoint à 700 et 750 fr.

2.° Pour le culte réformé, 5 places de pasteur à 3000 fr.; 47 à 2000 fr.; 88 à 1800 fr.; 372 à 1500 fr., et un pasteur adjoint également à 1500 francs.

3.° Une somme de 10,000 fr. est émargée au budget de 1854 pour la création de nouvelles places de pasteurs dans les deux communions protestantes.

En 1830, les cultes protestants ne figuraient au budget que pour la somme de 719,741 fr. A celui de 1855 ils figurent pour une somme presque double, celle de 1,361,000 fr.

Le traitement court du jour où le Gouvernement a confirmé la nomination (D. du 15 germ. XII, R. II, 57), si du moins l'installation a eu lieu dans les trente jours qui ont suivi l'époque de cette nomination, faute de quoi il ne date que du moment de l'installation (Circ. min. du 5 sept. 1840, R. 1, 93). Le Gouvernement a quelquefois dérogé en faveur de circonstances particulières, mais avec difficulté.

Un second pasteur avancé à la place du premier, dans une même paroisse, a droit au traitement attribué à son prédécesseur, à partir du jour du décès de l'ancien titulaire (R. II, 165).

Le traitement des pasteurs est payé par trimestre. Il est insaisissable dans sa totalité (D. du 15 germ. XII, R. II, 57).

Il est acquitté par le receveur particulier de chaque arrondissement, ou par le payeur du département, sur la quittance personnelle du pasteur. Dans le cas où ce dernier désirerait faire prendre son traitement par une personne de confiance, il doit apposer son acquit au mandat, et faire légaliser sa signature par le maire de la commune.

Le payeur du département peut seul acquitter les mandats délivrés en faveur des héritiers d'un fonctionnaire ecclésiastique.

Le traitement cesse du jour de l'ouverture de la vacance.

Comme on va le voir, non-seulement les biens curiaux, mais beaucoup de fabriques contribuent au traitement des pasteurs de notre Confession.

Un supplément de traitement peut être accordé par les communes (D. du 5 mai 1806. R. II, 58. Loi du 15 mai 1818. Circ. min. du 18 mai 1818).[1]

En assurant le traitement à nos pasteurs, la loi veut les mettre à l'abri d'une dépendance honteuse et nuisible, et leur épargner les déplorables expériences d'un système où l'Évangile, la parole d'autorité, est forcé de se plier aux caprices de la majorité des suffrages payants. Dans le triple intérêt de la religion, de l'État et des pasteurs eux-mêmes le législateur n'a point voulu que prêcher fût synonyme de mendier. «L'indigence des ministres du culte compromettrait et avilirait leur ministère.» (Portalis.)

b. *Biens ecclésiastiques.*

Le paragraphe parle de biens que les églises possèdent. Évidemment il a en vue surtout les biens curiaux; c'est le cas toutefois, de dire ici un mot sur les biens des protestants en général.

Il convient, comme on le sait, de distinguer les biens curiaux des biens de fabrique. Sont réputés *biens curiaux* ceux dont l'usufruit est abandonné au pasteur, et dont le revenu lui est porté en déduction de son traitement; *les biens de fabrique* sont ceux dont les revenus doivent être employés aux frais d'entretien du culte et des bâtiments religieux, et qui, dans des circonstances spéciales seulement, ont la charge de fournir à des pasteurs leur traitement, soit en entier, soit en partie. Les églises de nos deux communions protestantes ne possèdent guère de ces biens, soit de fabrique, soit biens curiaux, que dans les départements du Doubs, du Bas-Rhin, du Haut-Rhin et des Vosges. Les uns et les autres ont été sauvegardés du temps de la première révolution par les décrets de 1790 déjà cités (§. 1) qui se fondaient sur la nature exceptionnelle de ces biens garantis par les anciens traités.

Sous l'Empire, dans l'affaire des protestants de la Sarre, un décret impérial (R. II, 13 et s.) a également maintenu aux églises particulières la propriété, et aux consistoires l'administration de ces domaines. La lettre d'accompagnement du susdit décret adressée au Consistoire général de Strasbourg, porte que les principes posés dans le cas spécial s'appliquent généralement à toutes les églises protestantes de l'une et de l'autre communion dans les pays

1. Voir, pour d'autres détails, l'ord. roy. du 31 mai 1838 sur la comptabilité publique, et le règlement min. du 31 déc. 1841 pour servir à l'exécution de cette ordonnance en ce qui concerne les dépenses des cultes. (R. IV, 89-147.)

anciennement ou récemment conquis ou réunis à l'Empire français (R. II, 15).

Les biens des protestants sont donc à l'abri de toute atteinte, et leurs revenus ne sauraient, sous aucun prétexte, être détournés de leur destination. Leur propriétaire n'est ni le clergé, ni l'Église entière considérée comme corps, ils n'appartiennent pas non plus à la commune. Ils sont la propriété des différentes paroisses qui jouissent de leurs revenus à charge de les employer au but spécial auquel ils sont affectés; d'après la loi même citée au paragraphe, les églises particulières en sont les vrais possesseurs.

Les biens que posséderaient des églises situées dans d'autres départements que ceux indiqués plus haut, participent évidemment au bénéfice du principe proclamé par la loi, et sont placés également sous son égide.[1]

c. *Indemnité de logement.*

La où il n'y a pas de presbytère, une indemnité de logement est due aux pasteurs par les communes (D. du 30 déc. 1809, 92. R. VIII, 15. Loi du 18 juillet 1837, 30. R. II, 88. Ord. roy. du 7 août 1842. R. II, 63. Circ. min. du 1er septembre 1842. R. II, 62), mais alors seulement que les ressources de la fabrique sont insuffisantes (Avis du Cons. d'État cité par Vuillefroy). Le préfet, après avoir pris l'avis du Conseil municipal, ou des Conseils municipaux intéressés, fixe le montant de cette indemnité (Ord. roy. citée).

Le jardin n'est pas de rigueur, mais les communes sont autorisées à les procurer aux pasteurs (D. du 5 mai 1806).

9. *Les fondations qui ont pour objet l'entretien des ministres et l'exercice du culte, ne pourront être exécutées qu'avec l'autorisation du Gouvernement* (G. C. 73. et G. 8).

On entend ici par *fondation* l'affectation perpétuelle d'un bien à un établissement religieux. Nous insérons la disposition ci-dessus, tirée de la loi organique du culte catholique, parce que la loi de Germinal des cultes protestants s'y réfère et la déclare applicable à notre Église. Le Code Napoléon établit du reste la même restric-

1. Nous n'entrerons à cet égard dans aucun autre détail, de crainte de traiter superficiellement des matières dont la complète analyse exigerait une étude approfondie, et de plus d'étendue que nous ne saurions lui en concéder ici.

tion pour tous les établissements d'utilité publique (910. 937. 938). Les différentes églises ou paroisses particulières peuvent donc acquérir, avec l'autorisation de l'État, tous les biens meubles, immeubles ou rentes qui leur sont donnés par acte de dernière volonté ou autrement (Loi du 2 janvier 1817). L'autorisation sera demandée par l'intermédiaire des autorités ecclésiastiques supérieures, après avis du Conseil municipal (Loi du 18 juillet 1837; R. II, 88).

Le Gouvernement la refusera pour toute donation qui serait faite avec réserve d'usufruit en faveur du donateur (Ord. roy. du 14 janv. 1831. R. III, 65), ainsi que pour celle qui serait anonyme (Décis. du Cons. d'État citée par Vuillefroy). L'acceptation des dons et legs n'excédant pas 300 fr. sera, s'il y a lieu, autorisée par les préfets. Si la libéralité est supérieure ou s'il s'agit d'immeuble, il sera statué par Décret impérial (Ord. roy. du 2 avril 1817 et du 14 janv. 1831. R. III, 65).

10. *Il y aura un séminaire protestant et une faculté de théologie protestante à Strasbourg, pour l'instruction des ministres de la Confession d'Augsbourg* (G. 9. D. du 17 mars et du 17 sept. 1808. D. 11).

Il y aura une faculté de théologie protestante à Montauban pour l'instruction des ministres de la communion réformée (D. du 17 septembre 1808. Arr. du gr.-maître de l'université du 8 juillet 1809).

a) *Strasbourg.*

Le *séminaire* est considéré par la loi comme une école spéciale (préparatoire et subsidiaire) de théologie; la *faculté* comme destinée à donner aux élèves le complément de leur instruction, et à conférer les grades académiques.

Le président du Directoire est directeur-né du Séminaire, qui doit compter dix professeurs (Arr. du 30 flor. XI, rappelé dans le préambule du D. du 26 mars 1852. R. III, 3). La faculté de théologie en compte actuellement six entre lesquels les différentes branches de l'enseignement sont réparties. De ces dix professeurs du Séminaire cinq sont en même temps professeurs à la faculté. Le sixième professeur de la faculté est chargé de l'enseignement du dogme réformé.

b) *Montauban.*

La faculté possède, indépendamment de cinq chaires de théologie, une chaire des langues classiques, et une autre de philosophie.

11. *Les professeurs des facultés de théologie seront nommés par l'Empereur* (G. 11, et D.).

La nomination aura lieu, dans l'église de la Confession d'Augsbourg, sur l'avis motivé que donnera le Directoire (§. 43), et dans la communion réformée, sur l'avis motivé dont le Conseil central accompagnera les votes des Consistoires (§. 26).

12. *Nul ne pourra être nommé ministre ou pasteur d'une église de la Confession d'Augsbourg, s'il n'a étudié pendant un temps déterminé au séminaire et à la faculté de théologie de Strasbourg, s'il ne rapporte un certificat en bonne forme constatant son temps d'étude, sa capacité et ses bonnes mœurs, et s'il n'est muni du diplôme de bachelier en théologie* (G. 12, et D.).

Nul ne pourra être élu ministre ou pasteur d'une église réformée, s'il n'a étudié pendant un temps déterminé dans le séminaire de Genève, ou à l'une des facultés de théologie protestantes établies en France, s'il ne rapporte un certificat en bonne forme constatant son temps d'étude, sa capacité et ses bonnes mœurs, et s'il n'est muni du diplôme de bachelier en théologie (G. 13, et D.).

On reste élève aspirant à la théologie jusqu'à ce qu'on ait subi l'examen d'entrée à la faculté; il faut toutefois à Strasbourg, que dans l'espace d'un an au plus tard, l'élève acquière le diplôme de bachelier ès lettres (R. X, 87). Nul n'est admis aux cours de théologie ni à Montauban ni à Strasbourg, s'il n'est bachelier ès lettres. La durée des études théologiques elles-mêmes est fixée à trois ans (Arr. universitaires du 14 nov. 1827 et du 24 mai 1828, et R. I, 132).

L'article n'exigeait point, dans l'origine, le diplôme. Des circulaires ministérielles postérieures (du 30 mai 1820; 29 oct. 1832; 18 janv. 1837) l'ont substitué au certificat d'étude. Ils sont exigés aujourd'hui l'un et l'autre. On sait que le diplôme s'obtient à la suite d'un examen et de la soutenance d'une thèse à Strasbourg ou à Montauban. Le certificat est délivré par le doyen de la faculté.

13. *Les règlements sur l'administration et la police intérieure des séminaires et des facultés de théologie, sur le nombre et la qualité des professeurs, sur la manière d'enseigner et sur les objets d'enseignement, ainsi que sur la forme des certificats ou attestations d'étude, de bonne conduite et de capacité, seront approuvés par le Gouvernement* (G. 14).

a) *Confession d'Augsbourg.*

Une série d'arrêtés et de règlements directoriaux ont fixé le plan d'études à suivre par les élèves du séminaire et de la faculté, ainsi que la discipline qui les régit (R. I, 121-147; IV, 172; XII, 58 et s., 120 et s.).

Douze *bourses* de 400 fr. et vingt-quatre *demi-bourses* de 200 fr. sont affectées par décret impérial (du 4 mars 1810) et par ordonnances royales (du 18 juill. 1819 et du 31 juill. 1821, R. I, 157, 159), au séminaire et à la faculté de théologie, pour venir en aide aux jeunes élèves de la Confession d'Augsbourg. Le mode de présentation pour ces bourses et celui de leur jouissance, sont réglés par des arrêtés ou instructions du Ministre (du 10 août 1819, 27 avril 1820, 24 août 1821, 18 sept. 1823, 27 mars 1832, 2 nov. 1846, R. I, 158; IV, 85), par des circulaires du Directoire (R. I, 162; IV, 37), et des délibérations du séminaire (R. I, 160). Il importe que les demandes parviennent au Ministre avant la fin des mois de mai et de novembre. Les boursiers sont astreints (O. roy. du 13 fév. 1838) à entrer au *pensionnat Saint-Guillaume ou du séminaire* (R. I, 163, 164; VI, 145, 226), où, grâce à des *fondations spéciales* (R. I, 188) et à des *collectes* faites annuellement dans les églises (R. I, 185, 186; IV, 163; VII, 32), se trouvent, en même temps que des pensionnaires, des *demi-pensionnaires* et des élèves *gratuits* (R. I, 188). La haute direction et la surveillance du pensionnat appartient au séminaire, qui en a réglé l'organisation (*Ib.* et III, 169). Une commission de surveillance, composée de quatre ecclésiastiques et de quatre laïques, est établie par décision du Consistoire supérieur (R. XI, 77. XII, 8).

Différents *legs et secours* peuvent encore être obtenus, à part des faveurs susmentionnées, par les élèves les plus méritants (R. X, 87), internés ou non au pensionnat Saint-Guillaume. Ce sont les legs Barth, Blessig, Goll, Hartlieb-Kurtzlieb, Heller, Hoppé, Maurice (Ueberheu), Otto, Reisseissen, Schenckbecher,

Schmutz, Schübler, et le secours que fournit la fondation de Saint-Marc.

Divers *prix* proposés au zèle de tous les étudiants, comme le prix Spener et surtout le prix Schmutz (3000 fr. tous les trois ans), stimulent à l'étude et récompensent les premiers fruits d'une intelligente persévérance dans le travail, gage de succès futurs.

Aucun élève en théologie ne pourra prêcher qu'il n'en ait reçu l'autorisation du Directoire (R. I, 79, 138). Il faut de plus l'agrément du consistoire pour prêcher dans une circonscription consistoriale (R. III, 117).

Aucun ministre sortant d'une institution étrangère, ne pourra monter en chaire sans une autorisation écrite du consistoire auquel le lieu de culte en question est subordonné (R. I, 232).

b) *Communion réformée.*

14 bourses de 400 fr. et 28 demi-bourses de 200 fr. sont instituées par le décret impérial et les ordonnances royales déjà citées, à la faculté de théologie de *Montauban*. 4 bourses et 8 demi-bourses le sont aux élèves réformés de la faculté de *Strasbourg*. Le mode de présentation pour ces bourses et celui de leur jouissance sont réglés par les mêmes arrêtés et règlements ministériels. A *Genève* de nombreuses bourses, provenant d'anciennes fondations, sont destinées à secourir les jeunes Français qui viennent s'y préparer à l'exercice, en France, du ministère évangélique.

14. *L'âge de la consécration au ministère évangélique est fixé à vingt-cinq ans. Nul ne pourra être admis à exercer les fonctions de pasteur qu'il n'ait atteint cet âge, et qu'il n'en ait justifié au Ministre des cultes* (D. du 27 mars 1807).

Le bachelier en théologie adressera une demande spéciale de *consécration* ou d'*ordination*, s'il est réformé, à un consistoire; s'il est de la Confession d'Augsbourg, à l'inspecteur ecclésiastique, qui la transmettra, avec un avis motivé, au Directoire (R. I, 127, 138; II, 33). Le diplôme de bachelier en théologie sera joint à cette demande (R. II, 78).

Des *dispenses d'âge* peuvent être accordées par le Ministre aux candidats qui ont au moins 23 ans révolus, sur la demande des autorités ecclésiastiques (Décis. roy. du 14 août 1822; Circ. min. du 24 août 1839, R. II, 34.)

Des élèves d'instituts étrangers ne sauraient être ordonnés (R. I, 232).

Dans l'Église de la Confession d'Augsbourg, il est interdit à tout candidat en théologie, eût-il déjà reçu la consécration, de procéder à un baptême, à un mariage ou à un enterrement, à moins d'y avoir été formellement autorisé par le consentement écrit du pasteur de la commune (Comp. R. II, 2).

Dans la même Église, tout candidat, avant de pouvoir être appelé à une cure, devra, sauf dispense, justifier d'une année de vicariat au moins (R. XII, 85, 120).

Les candidats de la Confession d'Augsbourg qui voudront accepter des cures du culte réformé et qui entendront conserver leur rang d'ancienneté, sont tenus d'informer le Directoire de ce changement dans leur position (R. IV, 83), et d'obtenir son assentiment.

15. *Le nombre des ministres ou pasteurs dans une même église consistoriale ne pourra être augmenté sans l'autorisation du Gouvernement* (G. 19).

Dans l'Église de la Confession d'Augsbourg, c'est le Directoire, dans l'Église réformée, c'est le Consistoire (arr. minist. du 20 mai 1853, 7), qui propose au Gouvernement la création de places nouvelles. S'il y a lieu de demander la *création d'une nouvelle paroisse*, le Consistoire commencera par exposer la situation et les motifs qui militent pour l'*érection en cure*. Le Consistoire ou le Directoire transmettra au Préfet la délibération et les pièces à l'appui. Le Préfet provoquera l'avis du Conseil municipal, et transmettra le dossier au Gouvernement avec son rapport. Il faudra que la localité tienne le rang d'une commune, qu'il s'y trouve une population protestante assez considérable (le chiffre de 500 âmes n'est pas de rigueur), et que l'on justifie de l'existence des moyens nécessaires pour fournir un lieu de culte et un logement pour le pasteur (Circ. min. du 9 nov. 1819, 12 août 1836 et 6 sept. 1837). L'érection en cure aura lieu par décret impérial, sur un rapport du Ministre, après délibération du Conseil d'État.

L'*adjonction d'un nouveau pasteur* aux ministres qui fonctionneraient déjà dans une paroisse, mais qui ne pourraient suffire à tous ses besoins, s'obtiendra d'une manière analogue (*Ib. et* Circ. min. du 31 juill. 1839).

16. *Nulle association de plus de vingt personnes, dont le but sera de se réunir tous les jours ou à certains jours marqués, pour s'occuper d'objets religieux, littéraires, politiques ou autres, ne pourra se former qu'avec l'agrément du Gouvernement, et sous les conditions qu'il plaira à l'autorité publique d'imposer à la société. Dans le nombre des personnes indiqué ne sont pas comprises celles domiciliées dans la maison où l'association se réunit* (C. P., 291, remis en vigueur par le décret du 25 mars 1852).

a) *Exposé des motifs.*

Le droit absolu et indéfini qu'aurait la multitude de se réunir pour traiter d'affaires politiques, religieuses ou autres de cette nature, serait incompatible avec notre état politique actuel. Mais si le Gouvernement doit être assez fort pour repousser ce qui pourrait lui nuire, il est aussi dans son essence de n'admettre aucune rigueur inutile. Il n'interviendra donc point, hors les cas qui l'intéresseraient spécialement, dans ces petites réunions que les rapports de famille, d'amitié ou de voisinage peuvent établir; et lorsqu'il ne se passera dans ces réunions rien de contraire au bon ordre, l'autorité publique ne leur imposera aucune obligation spéciale. Cette obligation de se faire connaître de l'autorité et d'obtenir son assentiment, commencera là seulement où le nombre des sociétaires serait tel, qu'il pût devenir un juste sujet de surveillance plus particulière. C'est alors que de telles associations ne pourront exister qu'avec l'autorisation du Gouvernement, et sous les conditions qui leur seront imposées (Exposé des motifs développés dans les discours des orateurs du Tribunat et du Conseil d'État. Vierling, p. 96).

Ainsi le législateur pense que la liberté des cultes n'est point incompatible avec les prescriptions qui en règlent l'exercice, et que dans l'intérêt même de sa conservation, cette liberté doit être soumise aux nécessités de l'ordre social. Vu l'extrême importance des associations religieuses et leur influence supérieure à toute autre, il entend même exercer en ces matières une action non pas seulement répressive, mais préventive, en conformité du principe qu'il vaut mieux empêcher le mal qu'être obligé de le punir. Il veut qu'un ministre, fût-il fonctionnaire d'un culte reconnu, ne se borne pas à prévenir l'autorité locale pour s'assurer le droit de dresser une chaire et un autel dans toutes les communes avoisinantes, ou seulement dans toutes celles qui forment sa circonscription paroissiale, droit dont on juge que l'application conduirait à de graves désordres. Avant qu'il soit porté atteinte aux limites consacrées des cultes divers, et qu'il puisse y avoir augmentation du nombre des lieux de culte officiellement existants, il faudra encore que le pasteur obtienne de la municipalité la permission expresse de dépasser ces limites et de créer un nouveau centre de réunions religieuses. Toutefois la contravention à cette loi ne devra point être poursuivie, si elle ne donne point lieu à désordre.

b) *Jurisprudence actuelle.*

A différentes reprises (Mæder, II, 39 et s.; De Gasparin, Intérêts généraux, 415 et s.) et tout récemment encore (arrêt du 10 déc. 1853), la Cour de cassation a déclaré cet article applicable non-seulement,

1.° A des cultes nouveaux, non encore reconnus, qui voudraient s'établir, mais encore,

2.° Soit aux réunions des fidèles d'un culte reconnu, présidées par quelqu'un d'autre que le pasteur de la circonscription, par un laïque, un pasteur étranger, un pasteur démissionnaire ou un ministre dissident;

3.° Soit même aux assemblées formées à l'appel d'un ministre régulier, appartenant à un culte salarié par l'État, agissant dans le cercle de sa circonscription, mais ne pouvant se fonder sur la reconnaissance officielle, déjà antérieure, de la célébration publique du culte dans la localité au sujet de laquelle il y a conflit.

Des réunions religieuses pour l'exercice de notre culte dans un endroit où il n'y a pas encore de lieu de culte reconnu par l'État, ne peuvent donc être tenues légalement, même par le pasteur de la circonscription, fût-il délégué *ad hoc* par le Consistoire, qu'après autorisation préalable de l'autorité municipale. Une simple déclaration ne suffit pas, ou du moins elle ne suffit que là où les circonstances sont assez favorables, et, par suite, les autorités civiles locales assez conciliantes pour qu'aucun obstacle ne s'oppose à l'établissement du lieu de culte nouveau.

Par contre, l'autorisation demandée est-elle refusée, alors, dans le cas surtout où la demande émane de l'autorité constituée d'un culte reconnu qui ne prétend s'exercer que sous la direction du pasteur de la circonscription et ne donne lieu à aucun trouble, il y a recours contre le maire à la sentence du préfet, et contre le préfet à la décision du Conseil d'État.

Du reste le Gouvernement engage les municipalités à se montrer, en ces circonstances, animées des plus bienveillantes dispositions. «Le principe de la liberté religieuse, dit-il, doit être largement entendu. Les seules occasions de collision seront prévenues avec soin» (Circ. min. du 28 fév. 1844. R. III, 51). En d'autres termes, la tolérance tacite des réunions religieuses illégales est recommandée pour tous les cas où ces réunions ne donneront pas lieu à des conflits.

c) *Sanction pénale.*

Toute association de la nature ci-dessus exprimée, qui se sera formée sans autorisation, ou qui, après l'avoir obtenue, aura enfreint les conditions à elle imposées, sera dissoute. Les chefs, directeurs ou administrateurs de l'association seront en outre punis d'une amende de 16 fr. à 200 fr. (C. P. 292. R. I, 183).

Si par discours, exhortations, invocations ou prières, ou par lecture, affiche, publication ou distribution d'écrits quelconques, il a été fait dans ces assemblées quelque provocation à des crimes ou à des délits, la peine sera de 100 fr. à 300 fr. d'amende, et de 3 mois à 2 ans d'emprisonnement, contre les chefs, directeurs et administrateurs de ces associations; sans préjudice des peines plus fortes qui seraient portées par la loi contre les individus personellement coupables de la provocation, lesquels, en aucun cas, ne pourront être punis d'une amende moindre que celle infligée aux chefs, directeurs et administrateurs de l'association (C. P. 293. R. *ib.*).

Tout individu qui, sans la permission de l'autorité municipale, aura accordé ou consenti l'usage de sa maison ou de son appartement, pour la réunion des membres d'une association même autorisée, ou pour l'exercice d'un culte, sera puni d'une amende de 16 fr. à 200 fr. (C. P. 294. R. *ib.*).

Quant à la *loi de* 1834 *sur les associations,* remise en vigueur, de même que les articles ci-dessus, par le décret du 25 mars 1852, laquelle étend la défense et aggrave la peine, on peut, il est vrai, s'appuyer sur les paroles solennelles prononcées lors de sa discussion (Mæder, II, 42; Vivien, II, 250) pour en conclure qu'elle n'est pas applicable aux réunions religieuses. Mais ce point est contesté, et les réunions aussi de moins de vingt personnes s'exposent à être poursuivies en vertu de cette dernière loi, lorsqu'il est démontré qu'elles se rattachent à une association plus nombreuse partagée en différentes sections.

d) *Autre interprétation de la loi.*

Nous avons exposé ci-dessus le système du Gouvernement. Il importe d'ajouter que beaucoup d'autorités très-compétentes soutiennent un système tout différent. « Les réunions religieuses, dit-on, ne présentent pas le caractère de l'association; les articles allégués du Code pénal ne sauraient donc nullement les atteindre. L'article 17 de la loi du 7 vendémiaire an IV, qui n'exige qu'une déclaration, n'est point abrogé. Une circulaire de M. Martin (du Nord), alors Garde des sceaux et Ministre des Cultes, (celle citée plus haut) restreint dans ce sens l'article 291 du Code pénal, et le déclare inapplicable aux réunions de culte et de prière. » Telles sont les deux interprétations qui encore aujourd'hui se trouvent en présence. Il nous suffit d'avoir indiqué l'état de la question. Ce n'est pas ici le lieu de la trancher.

17. *Aucune cérémonie religieuse n'aura lieu hors des édifices consacrés au culte, dans les villes où il y a des temples destinés à différents cultes* (G. C. 45).

Il s'agit ici des processions et du transport solennel du viatique auprès d'un malade. L'interdiction prononcée contre ces *cérémonies extérieures* n'est applicable qu'aux communes où il y a une église consistoriale reconnue (Lettre min. du 30 germ. XI), c'est-à-dire, d'après l'interprétation donnée par le Gouvernement, un chef-lieu de Consistoire (De Gasparin, 486 et s.; *Lien*, du 3 août 1850 et du 3 juillet 1852).

Dans les localités où des cérémonies catholiques ont lieu, les protestants ne sont point tenus à tapisser l'extérieur des maisons (Jugem. de la Cour de cassat. du 20 nov. 1818).

Les soldats ou gardes nationaux régulièrement requis par les autorités militaires ou administratives à l'occasion d'une procession, sont tenus, même s'ils étaient protestants, de faire leur service, et de contribuer au maintien du bon ordre, en leur qualité de citoyens faisant partie de la force armée du pays.

18. *Les pasteurs ne se permettront dans leurs instructions aucune inculpation directe ou indirecte, soit contre les personnes, soit contre les autres cultes autorisés dans l'État* (G. C. 52).

Ils éviteront dans leur prédication toute polémique irritante, ils s'abstiendront de toute démarche qui tendrait à rendre plus profonde la séparation entre les deux parties de la population française (Lettre min. du 21 mars 1843. R. II, 120), dans l'intérêt même de la commune liberté. Ce n'est pas la controverse, c'est l'outrage qui est défendu. La discussion n'a rien que de légal; l'insulte et le manque d'égards sont interdits par la loi. Les différents cultes mettront dans leurs appréciations réciproques et leurs efforts de prosélytisme cet esprit de modération et cette juste mesure qui ne sont pour la vérité elle-même qu'une force de plus. Le pasteur ne doit jamais tendre à soulever une partie des citoyens contre les autres (§. 4).

Il est peut-être bon d'ajouter ici que même la révélation de *secrets* autres que ceux qui compromettent la sûreté de l'État, est spécialement interdite aux ministres (C. P. 378), et que la peine qui frappe les attentats aux *mœurs* est sensiblement aggravée pour eux (*Ib.* 333).

19. *Ils jouissent de l'exemption du service militaire, de celui de la garde nationale, et des fonctions de juré. Dans certains cas déterminés ils sont dispensés de la tutelle. Leur capacité de recevoir par donation entre vifs ou par testament, est limitée* (Lois diverses).

Ils sont exemptés du service dans l'armée (Loi du 21 mars 1832; R. II, 123; Lettre min. du 26 juin 1832; R. II, 124).

Il sont dispensés de celui de la garde nationale (Loi du 22 mars 1831).

Ils sont exempts des fonctions de juré. (Code d'instr. crim. 383).

Sont dispensés de la tutelle tous citoyens exerçant une fonction publique dans un département autre que celui où la tutelle s'établit (C. N. 427. 430. 431).

Les ministres du culte qui auront soigné une personne pendant la maladie dont elle meurt, ne pourront profiter des dispositions entre vifs ou testamentaires qu'elle aura faites en leur faveur pendant le cours de cette maladie. Sont exceptées : 1° les dispositions rémunératoires faites à titre particulier, eu égard aux facultés du disposant et aux services rendus; 2° les dispositions universelles dans le cas de parenté jusqu'au 4e degré inclusivement, pourvu toutefois que le décédé n'ait pas d'héritiers en ligne directe; à moins que celui, au profit de qui la disposition a été faite, ne soit lui-même du nombre de ces héritiers (C. N. 909).

20. *Les églises de la Confession d'Augsbourg auront des conseils presbytéraux, des pasteurs, des Consistoires, des Inspections, un Consistoire supérieur et un Directoire* (G. 33 et D.).

Les églises réformées auront des Conseils presbytéraux, des pasteurs, des Consistoires, des Synodes et un Conseil central (G. 15 et D.).

a) *Confession d'Augsbourg.*

D'après le tableau annexé au Décret du 10 nov. 1852, auquel il faut ajouter la cure de Wickersheim et une cinquième place à Paris, créées depuis (R. X, 69. XI, 135), il existe actuellement 8 Inspections, 44 Consistoires, 218 paroisses réparties en huit départements, et desservies par 251 pasteurs, sans compter les lieux de culte en Algérie (R. X, 53). Bas-Rhin, 163 pasteurs et 2 pasteurs adjoints; Doubs, 31 pasteurs; Haut-Rhin, 28 pasteurs; Haute-Saône, 12, Meurthe, 6; Seine, 5; Vosges, 3; Moselle, 1. Total 251. Voir l'état par rang d'ancienneté des pasteurs en fonctions au 1er janv. 1854, R. X, 167.

b) *Communion réformée.*

D'après le même tableau, auquel il faut ajouter les cures nouvellement créées de St. Germain en Laye (Seine-et-Oise), Niort (Deux-Sèvres), Sauzet (Drôme), Le Hâvre (Seine-infér.), Mazamet (Tarn), il existe actuellement 21 arrondissements synodaux, 105 Consistoires, 441 paroisses desservies par 516 pasteurs et réparties dans 58 départements.

Les départements qui comptent le plus grand nombre de pasteurs réformés sont les suivants : Bas-Rhin 15; Lot-et-Garonne 16; Hérault 18; Charente-inférieure 19; Lozère 22; Tarn 24; Deux-Sèvres 26; Ardèche 37; Drôme 42; Gard 97.

Les autres départements qui sont pourvus d'un ou de plusieurs chefs-lieux de Consistoire sont les suivants: Aisne, Hautes-Alpes, Ardennes, Ariège, Aveyron, Bouches-du-Rhône, Calvados, Charente,

Cher, Côte-d'or, Dordogne, Doubs, Finistère, Haute-Garonne, Gironde, Isère, Loire, Haute-Loire, Loire-Inférieure, Loiret, Meurthe, Nord, Basses-Pyrénées, Haut-Rhin, Rhône, Seine, Seine-et-Marne, Seine-Inférieure, Somme, Tarn-et-Garonne, Vaucluse, Vendée, Vienne.

Il y a encore des paroisses dans les départements suivants : Ain, Aube, Eure-et-Loir, Gers, Loir-et-Cher, Maine-et-Loire, Manche, Moselle, Oise, Orne, Pas-de-Calais, Puy-de-Dôme, Seine-et-Oise, Var, Vosges.

Voyez pour les protestants disséminés le §. 101.

c) *Diversité d'organisation des deux cultes protestants.*

Les données primitives sur lesquelles a opéré le législateur étant différentes dans les deux cultes, l'ensemble de l'organisation l'est naturellement aussi. La loi fait des conditions spéciales à chaque Église, pour se plier à des nécessités historiques, et pour tenir partout compte du passé. Les mêmes intérêts ont dû être sauvegardés, les mêmes abus réprimés dans les deux communions par deux voies distinctes, appropriées chacune à la situation générale de l'établissement respectif. Nous n'essayons ici d'aucune étude comparative des deux systèmes; nous nous bornons à les esquisser l'un et l'autre.

Si, du reste, nous mettons partout l'Église de la Confession d'Augsbourg en première ligne, c'est uniquement parce que son organisation, plus soigneusement réglée dans les détails par une longue suite de prescriptions directoriales, nous semblait par là mériter cette préférence, qui, en quelque sorte, peut servir de guide dans certaines lacunes que présentent peut-être les traditions ecclésiastiques propres aux églises réformées. N'eût été cette considération tout extérieure, l'Église réformée, vu son importance numérique, aurait figuré au premier rang.

21. *Algérie.*

En Algérie les cultes protestants ont été organisés par différentes ordonnances. Toutes les communautés, tant luthériennes que réformées, y sont placées sous l'autorité spirituelle d'un consistoire mixte séant à Alger. Les deux communions sont représentées dans son sein par un certain nombre de pasteurs et de membres laïques. Le pasteur réformé d'Alger a, de droit, la présidence du Consistoire, subordonné, en ce qui concerne les oratoires de notre communion, à l'inspection de Paris, au Consistoire supérieur et au Directoire (Read. 11).

Il y a, en ce moment, quatre pasteurs de la Confession d'Augsbourg dans les villes d'Alger, Blidah, Bone et Douéra (R. X, 166). Il y en a six de la communion réformée dans les villes d'Alger, Oran (2), Philippeville, Constantine et Aïn-Arnat.

TITRE II.

Du Consistoire supérieur et du Directoire.

22. *Les Églises et les Consistoires de la confession d'Augsbourg sont placés sous l'autorité du Consistoire supérieur et du Directoire* (D. 8).

La loi veut que l'Église se gouverne par elle-même d'après le système de hiérarchie mixte qui lui est propre, et où se trouvent combinés les principes d'élection et d'autorité sur une base presbytérienne. Elle sanctionne le concours des laïques et des ecclésiastiques non-seulement à l'administration, mais encore à la direction spirituelle de l'Église, et l'établissement de la paroisse comme base de toute cette organisation, deux traits qui caractérisent le culte protestant.

Les membres du Consistoire supérieur et du Directoire sont autorisés à porter un costume officiel (D. du 1er juillet 1854. R. XI, 141).

Du Conseil central.

22. *Il est établi à Paris un Conseil central des églises réformées de France* (D. 6).

Par la création du Conseil central le Décret a entendu donner aux églises un intermédiaire influent entre le Gouvernement et les Consistoires, un organe sincère et efficace des intérêts respectifs, un rouage qui complétât l'organisation du culte réformé. Il a voulu que les églises ne demeurassent point privées de centre, que de congrégationalistes elles redevinssent ce qu'elles étaient originairement, presbytériennes, et qu'une indépendance, un morcellement peu naturel et contraire à nos précédents ecclésiastiques fît place à un lien commun, à la réunion de tous les Consistoires sous un même corps chargé du soin de leurs intérêts généraux. Nous n'avions que *des* églises; le Décret veut faire revivre l'Église réformée parmi nous, et complète à cet effet le système presbytérien-synodal, qui nous est propre par la création, longtemps réclamée, d'une commission permanente destinée à servir de représentation aux Consistoires, d'intermédiaire entre l'administration et les paroisses, d'interprète conciliant de tous les intérêts.

a) **Du Consistoire supérieur.**

23. *Le Consistoire supérieur est composé : 1° de deux députés laïques par inspection, qui peuvent être choisis en dehors de la circonscription inspectorale* (D. 9).

Vu nos huit inspections actuelles, nous avons maintenant 16 députés laïques au Consistoire supérieur. La prise en dehors des assemblées d'inspection et même en dehors des membres des consistoires est facultative. Les incompatibilités édictées par la loi au sujet des consistoires (§. 77), s'appliquent également au Consistoire supérieur. Par contre il n'y a pas incompatibilité entre la qualité d'inspecteur laïque et celle de membre du Consistoire supérieur. La confirmation du Gouvernement n'est pas exigée. Ainsi la majorité des membres du Consistoire supérieur procède d'une élection faite par des assemblées inspectorales qui elles-mêmes sont composées de pasteurs d'une part, de l'autre d'un certain nombre de laïques choisis parmi ceux que, soit le suffrage des conseils presbytéraux, soit celui de tous les fidèles a fait entrer au consistoire.

24. 2.° *De tous les inspecteurs ecclésiastiques* (D. 9).

Nous en avons désormais huit qui siégent de droit dans le Consistoire supérieur.

23. *Ce conseil représente les églises auprès du Gouvernement et du Chef de l'État* (Ib.).

C'est lui qui est reçu dans les circonstances solennelles. Notons que sous le règne actuel seulement les représentants de notre Église ont obtenu d'être placés, dans les solennités officielles, immédiatement après le clergé de la majorité des Français. Insignifiant en apparence, le fait n'en est pas moins assez important pour que nous le citions ici.

24. *Il est appelé à s'occuper des questions d'intérêt général dont il est chargé par l'administration ou par les églises, et notamment à concourir à l'exécution des mesures prescrites par le décret portant réorganisation des églises réformées* (Ib.).

C'est un corps médiateur entre l'Église et l'État, et surtout un corps consultatif. C'est ainsi qu'il a été chargé par le Ministre de proposer un règlement électoral, puis de donner son avis sur les attributions à conférer aux conseils presbytéraux et aux consistoires, et c'est par suite de ces propositions que les arrêtés qui règlent ces matières ont été rendus. (Voir les considérants des arr. min. du 10 septembre 1852 et du 20 mai 1853.)

Il a été invité également par le Ministre à l'éclairer sur les attributions du futur Conseil central électif qui un jour devra le remplacer lui-même. Mais les graves dissentiments qui se sont manifestés, à cette occasion, dans les églises, ont fait ajourner la décision des points contestés.

»Si les attributions du Conseil central ne sont pas plus nettement déterminées, c'est qu'il résulte des observations présentées par les consistoires, et des renseignements recueillis par l'administration, que les Églises sont loin d'être d'accord entre elles sur ce point important. Le Gouvernement entend respecter l'indécision des Églises, alors même qu'il ne saurait la partager. Il est convaincu, du reste, que les attributions du Conseil central sont assez largement définies dans le Décret du 26 mars, pour que cette institution produise dès à présent et sans développements nouveaux, la plupart des fruits qu'on pouvait s'en promettre à l'avantage réciproque des Églises et de l'État.» (Considérants de l'arr. min. du 20 mai 1853, et Circ. min. du 26 mai 1853.)

Les sept *articles additionnels* par lesquels le Conseil central proposait de compléter l'arrêté ministériel du 20 mai 1853, portent à côté de la répétition textuelle de deux paragraphes du Décret du 26 mars (ce sont nos §§. 23, 24 et 26) les dispositions suivantes:

Le Consistoire délibère sur les peines disciplinaires applicables aux pasteurs. Si la peine prononcée est une de celles qui exigent l'intervention du Gouvernement, il transmet au Conseil central toutes les pièces relatives à l'affaire.

Le Conseil central donne son avis sur les conflits d'administration qui peuvent s'élever entre les conseils presbytéraux et les consistoires, et sur les questions relatives à la compétence de ces corps.

Il reçoit et juge les réclamations des pasteurs contre les décisions des Consistoires.

Il donne son avis au Ministre des cultes sur les peines disciplinaires qui ne peuvent être appliquées sans l'intervention du Gouvernement, après avoir entendu par écrit ou verbalement le pasteur inculpé, si celui-ci le demande.

Lorsque les circonstances rendent désirables, dans un intérêt général, un changement de résidence ou une permutation entre pasteurs, le Conseil, informé soit par le Ministre, soit par un Consistoire, prête son intervention pour amener une solution amiable (Lien, 1853, p. 31).

25. 3.° *D'un professeur du séminaire délégué par ce corps* (D. 9).

Il représente plus spécialement la science théologique dans le conseil suprême de l'Église, où il devra encore apporter le concours de ses lumières par la connaissance plus intime qu'il a des jeunes candidats.

25. *Il est composé pour la première fois de notables protestants nommés par le Gouvernement, et des deux plus anciens pasteurs de Paris.* (D. 6.)

L'assemblée est constituée pour la première fois par le Chef de l'État, à l'effet d'imprimer à la mesure l'unité de vues nécessaires (Rapp. min. au Prince-Président, en date du 26 mars 1852).

Comment le Conseil sera-t-il renouvelé plus tard ? La seule réponse à donner aujourd'hui à cette question, c'est l'assurance positive que l'Église y aura immanquablement sa part d'intervention. Elle lui est garantie par les expressions mêmes du Décret, ainsi que par le rapport ministériel que nous venons de citer. Le mode de nomination actuel est transitoire ; le Conseil central est nommé par le Gouvernement « pour la première fois » ; c'est dire, indirectement du moins, que plus tard on procédera d'une manière différente ; la future élection, par les églises, du Conseil central définitif, est évidemment indiquée par le Décret.

Du reste, dans une communication verbale, mais dont le Conseil central, qui l'avait expressément provoquée, a pris acte, le Ministre a fait explicitement savoir que dans sa pensée, conformément au Décret, le Conseil central futur serait élu par les Églises (Lien, 1853, p. 31, 37, 74).

Notons que les deux ecclésiastiques qui prennent rang dans le Conseil central actuel y sont appelés non à titre personnel, mais en leur qualité de pasteurs les plus anciens en fonctions dans l'église de Paris.

Le Conseil central actuel se compose d'un président, des deux plus anciens pasteurs de Paris, et de douze autres membres. Au président est adjoint un secrétaire avec voix consultative.

26. 4.° *Du président du Directoire, qui est de droit président du Consistoire supérieur* (D. 9).

La loi part du principe que la réunion des deux présidences est la condition indispensable de l'unité d'action.

Le titre est Président du Directoire, par la raison que c'est là le corps permanent.

Au président est adjoint un secrétaire, à la fois secrétaire du Consistoire supérieur et du Directoire, sans voix délibérative.

27. 5.° *Du membre laïque du Directoire nommé par le Gouvernement* (D. 9).

La loi veut que ce membre laïque du Directoire, obligé, comme membre de ce corps, de rendre compte au Consistoire supérieur, et tenu de s'inspirer de l'esprit de ses décisions, ait sa place dans les deux assemblées.

En somme, le Consistoire supérieur se compose de 27 membres, dont 16 élus par les assemblées d'inspection, elles-mêmes nommées, dans leur partie laïque, par des conseils presbytéraux issus du suffrage universel. Toutes les nominations sont à vie; le Décret, quoiqu'il ne s'en explique pas, l'a voulu évidemment, pour garantir la stabilité des principes; mais en même temps il a fait l'assemblée assez nombreuse pour que des renouvellements fréquents y introduisent un mouvement salutaire. Le Directoire siége dans le Consistoire supérieur, mais n'y est pas en majorité; l'élément gouvernemental est là, mais largement contre-balancé par la représentation de tous les fidèles; enfin, par la pondération de l'élément laïque et de l'élément ecclésiastique, le Décret rattache l'avenir de l'Église à son passé, en continuant les traditions protestantes sur la grande influence accordée aux laïques dans nos institutions.

28. *Le Consistoire supérieur est convoqué par le Gouvernement, soit*

26. *Lorsqu'une chaire de la communion réformée vient à vaquer dans les facultés de théologie, le Conseil central recueille les votes des Consistoires, et les transmet, avec son avis, au Ministre* (D. 7).

La disposition s'applique à la chaire de dogme réformé attachée à la faculté de théologie de Strasbourg, tout autant qu'aux chaires de la faculté de Montauban.

Les facultés de théologie ne sont pas seulement des établissements officiels d'instruction publique, mais encore des écoles ecclésiastiques supérieures; de là les votes préliminaires et l'avis des corps ecclésiastiques constitués sur ces nominations réservées par la loi à l'Empereur (§. 11).

sur la demande du Directoire, soit d'office. Il se réunit au moins une fois par an (D. 10).

Le Directoire n'est point maître d'avoir ou non une session du Consistoire supérieur. Les sessions reviennent nécessairement à des intervalles très-rapprochés.

29. *Le Consistoire supérieur ne pourra s'assembler qu'en présence du préfet ou du sous-préfet* (G. 42).

La loi a pour but de faire en sorte que le Gouvernement ne perde point de vue un corps aussi haut placé que l'est le Consistoire supérieur.

Le jour de la réunion sera fixé par le président du Directoire, de concert avec le préfet du Bas-Rhin (D. du 15 septembre 1853. R. X, 110).

Le préfet peut se faire remplacer par le secrétaire général de la préfecture ou un conseiller de préfecture. Ces magistrats n'ont pas voix délibérative.

30. *On donnera préalablement connaissance au Ministre des cultes, des matières qui devront être traitées* (G. 42).

Ces matières seront arrêtées par le Ministre, sur la proposition du Directoire, qui lui soumet le projet d'ordre du jour de la session (D. du 15 septembre 1853. R. X, 110; XI, 28).

31. *L'assemblée ne pourra durer plus de six jours* (G. 42).

La loi proscrit les réunions illimitées tout aussi bien que celles qui seraient dépourvues de contrôle. La disposition rentre dans les conditions ordinaires que l'État pose à toutes les assemblées de haute gravité. Toutefois le Ministre peut autoriser une session complémentaire (R. VIII, 122).

32. *A l'ouverture de la session, le Directoire présente le rapport de sa gestion* (D. 10).

Le Directoire est en quelque sorte subordonné au Consistoire supérieur; c'est à ce dernier que la loi accorde l'autorité suprême. L'article veut qu'un droit méconnu par suite d'une erreur du Directoire, puisse réclamer et trouver une protection suffisante dans le sein même de nos institutions religieuses.

33. *Le Consistoire supérieur veille au maintien de la constitution et de la discipline de l'Église. Il fait ou approuve les règlements concernant le régime intérieur, et juge en dernier ressort les difficultés auxquelles leur application peut donner lieu* (D. 10).

Le décret aspire à nous mettre à l'abri de toute contestation, et à préserver nos autorités de tout conflit; il indique, à cet effet, la limite précise des attributions respectives du Directoire et du Consistoire supérieur, et confirme celui-ci dans ses droits de prééminence. Le Consistoire supérieur délibère et prend les mesures nécessaires; le Directoire demeure chargé de l'application de la loi et des règlements, ainsi que du soin des affaires courantes; toutefois le premier reste juge suprême des discussions que peut soulever cette application.

34. *Il approuve les livres et formulaires liturgiques qui doivent servir au culte ou à l'enseignement religieux* (D. 10).

Cet article a pour but d'empêcher, pour l'avenir, l'éclosion de *livres liturgiques* sur tous les points, sans contrôle, et selon la manie d'auteur seulement. Il veut empêcher la diversité de s'accroître, et tend à préparer les voies à l'uniformité.

Un projet d'*agende* (R. IX, 159 et s.) et les observations auxquelles il a donné lieu de la part des Consistoires, ont été soumis à une commission nommée par le Consistoire supérieur, qui a statué dans sa session de 1854 (R. XII, 31 et s., 93 et s. Voir la nouvelle *Agende*, *ib.*, 101 et s.).

35. *Il a le droit de surveillance et d'investigation sur les comptes des administrations consistoriales* (D. 10).

Il est donc le juge suprême de toutes les comptabilités.

Les décisions du Consistoire supérieur et les procès-verbaux de ses séances ne seront exécutés et publiés qu'après autorisation du Gouvernement (R. VIII, 9; IX, 5; XI, 2).

36. *Le Consistoire supérieur de Strasbourg sera représenté dans la capitale, auprès du Gouvernement et du Chef de l'État, dans les circonstances officielles par le Consistoire de Paris* (D. 13).

Cet article reconnaît la résidence de notre autorité ecclésiastique suprême à Strasbourg, tout en garantissant sa représentation officielle à Paris.

b) Du Directoire.

37. *Le Directoire est composé :*

1.° *Du président nommé par le Gouvernement* (D. 11).

Voir sur le président et le secrétaire du Directoire le §. 26.

38. 2.° *D'un membre laïque nommé par le Gouvernement* (Ib.).

Voir sur le membre laïque qui siége à la fois au Consistoire supérieur et au Directoire le §. 27.

39. 3.° *D'un inspecteur ecclésiastique nommé par le Gouvernement* (Ib.).

Il est à noter que ce ne sera pas nécessairement le plus ancien des inspecteurs ecclésiastiques qui siégera au Directoire, ce sera celui qui aura été introduit dans ce corps par une seconde nomination.

40. 4.° *De deux députés nommés par le Consistoire supérieur* (Ib.).

Les deux députés nommés par le Consistoire supérieur, qui lui-même, dans la majorité de ses membres, est élu par les assemblées inspectorales, doivent assurer aux paroisses leur représentation au sein même du Directoire. Leur nomination est à vie, de même que celle des autres membres (R. XI, 116).

41. *Le Directoire exerce le pouvoir administratif* (D. 11).

Le Décret a fait cesser la théorie d'après laquelle le Directoire n'était qu'un pouvoir intérimaire dont les fonctions devaient cesser le jour de la réunion du Consistoire supérieur. Le Directoire est appelé à exercer sans interruption les pouvoirs qui lui sont confiés, et ses attributions désormais sont nettement définies : il exerce seul le pouvoir administratif.

Voir pour le droit qu'a le Directoire de nommer les pasteurs, sous la réserve de l'approbation du Gouvernement; de nommer les suffragants ou vicaires; de proposer aux fonctions d'aumônier; d'autoriser ou d'ordonner, avec l'agrément du Gouvernement, le passage d'une cure à une autre, le titre 5 des pasteurs.

Les séances ordinaires du Directoire ont lieu le mardi de chaque semaine (R. VIII, 79).

42. *Il exerce la haute surveillance sur l'enseignement et la discipline du Séminaire et du collége protestant dit Gymnase. Il nomme les professeurs du Gymnase sous l'approbation du Gouvernement, et ceux du Séminaire sur la proposition de ce dernier corps* (D. 11).

a) *Gymnase.*

En conformité de l'arrêté du 30 floréal XI (R. III, 3), l'article porte la reconnaissance des droits du Gymnase, déclaré depuis 1812 école secondaire ecclésiastique, appelée encore collége mixte, parce que, malgré sa destination spéciale d'école préparatoire destinée à l'instruction des jeunes gens qui se vouent au ministère évangélique, il reçoit aussi des élèves qui ont en vue une carrière laïque (Ord. roy. du 26 octobre 1828). Les legs Barth, Kast, Salzmann, Weyher, et en partie les legs Gœnner et les bourses Hartlieb-Kurtzlieb et Maurice au profit des élèves se rattachent à cette institution, qui admet des élèves gratuits (Comp. R. XII, 61 et s.; 86 et s. et 120).

b) *Séminaire.*

Il ne se recrute pas lui-même; le Directoire est chargé de procéder aux nominations sur la proposition du corps intéressé. Le Gouvernement n'intervient pas dans les nominations. Il pourra y avoir des professeurs extraordinaires.

43. *Il donne son avis motivé sur les candidats aux chaires de la faculté de théologie* (D. 11).

Notre faculté de théologie n'est pas seulement un établissement officiel d'instruction publique, mais encore une école ecclésiastique supérieure; de là cet avis préliminaire d'un corps ecclésiastique sur ces nominations réservées par la loi à l'Empereur (§. 11).

44. *Il pourra désigner spécialement un notable laïque résidant à Paris, pour le représenter dans la capitale, auprès du Gouvernement et du Chef de l'État, dans les circonstances solennelles, conjointement avec le Consistoire de Paris, chargé lui-même de représenter le Consistoire supérieur* (D. 13).

Voir sur le rang qui depuis l'avénement de l'Empereur régnant a été assigné à nos autorités ecclésiastiques, la note du §. 23, colonne à droite.

TITRE III.

Des Inspections et des inspecteurs tant ecclésiastiques que laïques.

a) Inspections.

45. *Les églises de la Confession d'Augsbourg seront subordonnées à des inspections.* (G. 35.)

C'est-à-dire que ces églises seront divisées en circonscriptions inspectorales et subordonnées à des assemblées d'inspection.

Plusieurs anciennes circonscriptions inspectorales ont été modifiées pour faciliter leur mission aux inspecteurs. L'inspection de la Petite-Pierre a été rétablie, celle de Paris créée. Il y a aujourd'hui les huit inspections suivantes : Temple-Neuf, Paris, Saint-Thomas, Bouxwiller, La Petite-Pierre, Wissembourg, Colmar, Montbéliard (D. du 10 nov. 1852).

46. *Plusieurs églises consistoriales formeront l'arrondissement d'une inspection* (G. 36 et D. du 10 nov. 1852).

En d'autres termes : Plusieurs Consistoires réunis forment le ressort d'une inspection.

Nous avons un arrondissement d'inspection qui comprend jusqu'à neuf Consistoires, c'est celui de St.-Thomas. L'inspection du Temple-Neuf en compte huit; celle de Wissembourg six; celles de Bouxwiller, La Petite-Pierre, Colmar, Montbéliard, chacune cinq. L'inspection de

Des Synodes.

45. *Cinq églises consistoriales réformées formeront l'arrondissement d'un synode* (G. 17.)

C'est-à-dire que toutes les églises particulières comprises dans cinq consistoires forment le ressort d'un synode.

Par suite de la réorganisation de nos circonscriptions consistoriales (Tableau annexé au Décret du 10 novembre 1852), nos églises sont subordonnées aujourd'hui à 21 arrondissements synodaux comprenant chacun 5 consistoires. Toutefois les circonscriptions de ces arrondissements synodaux ne sont pas encore déterminées par la loi.

La loi de Germinal ne parle point d'un synode national; le Décret du 26 mars aussi n'en fait pas mention. Il ne saurait donc être question ici que des synodes anciennement appelés provinciaux. L'unité supérieure est constituée par le Conseil central.

46. *Chaque synode sera formé du pasteur ou d'un des pasteurs, et d'un ancien ou notable de chaque église.* (G. 29.)

En d'autres mots, d'après l'interprétation reçue et consacrée à différentes reprises lors de la réunion du synode de la Drôme, chaque assemblée synodale sera formée d'un des pasteurs de chacun des consistoires de l'arrondissement synodal, et d'un laïque député par chacun de ces consistoires. Il y aura donc deux députés, l'un laïque, l'autre

Paris, qui ne comprend qu'un Consistoire, peut être regardée comme faisant exception.

C'est à elle que ressortissent les églises de la Confession d'Augsbourg en Algérie.

47. *Chaque inspection sera composée du pasteur et d'un ancien notable de chaque église de l'arrondissement* (G. 37).

C'est-à-dire, d'après l'interprétation donnée par le Consistoire général et le Directoire (R. III, 59. 63. X, 105), chaque assemblée d'inspection sera composée de tous les pasteurs de chaque église ou paroisse du ressort, et d'un égal nombre de laïques désignés par les Consistoires et par eux choisis dans leur propre sein.

Ainsi, sont membres de l'assemblée inspectorale :

1.° Tous les pasteurs ayant voix délibérative aux Consistoires, lors même qu'il y en a plusieurs par église;

2.° Un laïque par pasteur, laïque pris dans le sein même du Consistoire et par lui désigné, de telle façon que lorsqu'il y aura plusieurs pasteurs par église particulière, il y ait également un membre laïque par chaque pasteur.

Quant à la durée des fonctions des membres laïques destinés à prendre part aux travaux des assemblées inspectorales, elle n'est que passagère : pour chaque assemblée d'inspection il y aura une désignation spéciale, faite par le Consistoire, des membres laïques qui devront y assister (Ib.).

Les pasteurs qui n'ont pas voix délibérative au Consistoire, ne pourront pas faire partie de l'assemblée d'inspection, et leurs paroisses ne sauraient y déléguer un laïque (R. X, 106).

48. *Les députés laïques au Consistoire supérieur sont membres de droit de l'inspection dont ils ont reçu leur mandat, quand même ils auraient été choisis en dehors de la circonscription* (Arr. min. du 10 nov. 1852. 18).

ecclésiastique, par consistoire. Les députés, tant ecclésiastiques que laïques au synode, seront nommés par les consistoires, de même que dans l'Église de la Confession d'Augsbourg les députés laïques aux assemblées d'inspection sont désignés par les réunions consistoriales. Le député laïque sera pris dans le sein même du Consistoire.

47. *Les synodes veilleront sur tout ce qui concerne la célébration du culte, l'enseignement de la doctrine et la conduite des affaires ecclésiastiques* (G. 30).

Aux synodes revient non point l'administration, mais la surveillance. Ce sont des assemblées essentiellement ecclésiastiques et qui représentent l'élément spirituel, les consistoires demeurant chargés de toutes les affaires administratives.

48. *Toutes les décisions qui émaneront d'eux, de quelque nature qu'elles soient, seront soumises à l'approbation du Gouvernement* (Ib.).

Le législateur veut que le Gouvernement ne perde point de vue des corps aussi haut placés que le sont les synodes.

C'est-à-dire qu'ils seront membres de droit de l'assemblée inspectorale, avec voix délibérative.

49. *L'inspection ne pourra s'assembler que lorsqu'on en aura rapporté la permission du Gouvernement* (G. 37).

Point de périodicité régulière dans les assemblées inspectorales. La loi veut éviter des discussions trop répétées, de crainte de les voir devenir irritantes et dangereuses. Le Gouvernement demeure juge de l'opportunité.

50. *L'inspection s'assemblera en présence du préfet ou du sous-préfet, et après avoir donné connaissance préalable au Ministre des cultes, des matières que l'on se proposera d'y traiter.* (G. 38.)

Du nombre de ces matières pourront être d'abord la nomination des députés laïques au Consistoire supérieur (§. 23), et celle des inspecteurs laïques du ressort (§. 65); sous ce rapport les assemblées inspectorales sont des corps électoraux. Puis, ces mêmes réunions sont des organes ecclésiastiques qui éventuellement peuvent être appelés à délibérer, et à émettre, sur la demande soit du Directoire, soit du Gouvernement, un avis relatif à des intérêts plus ou moins généraux.

Jusqu'ici les assemblées d'inspection n'ont duré qu'un jour. Leur faudrait-il une permission spéciale pour siéger pendant plusieurs jours consécutifs? Non, si les matières à traiter en exigeaient davantage. Mais, par analogie avec les sessions du Conseil supérieur, il est évident que la durée de l'assemblée d'inspection ne saurait excéder six jours. (Aussi ce ne sont pas là des *décisions*.)

Il n'y a pas lieu d'accorder une indemnité de déplacement pour assistance aux assemblées inspectorales (R. III, 135. VIII, 180. IX, 62).

51. *Aucune décision émanée de l'assemblée générale de l'inspection ne pourra être exécutée sans avoir été soumise à l'approbation du Gouvernement* (G. 39).

Cependant les élections de député au Consistoire supérieur, n'ont pas besoin d'être soumises au Gouvernement.

49. *Les synodes ne pourront s'assembler que lorsqu'on en aura rapporté la permission du Gouvernement.* (G. 31.)

La loi n'autorise point des réunions périodiques pour les mêmes motifs que ceux énoncés ci-contre. Le Gouvernement demeure juge de l'opportunité.

50. *On donnera connaissance préalable au Ministre des cultes, des matières qui devront y être traitées.* (Ib.)

Ces matières seront arrêtées par le Ministre, ainsi que cela se fait pour l'ordre du jour du Consistoire supérieur de la Confession d'Augsbourg.

51. *L'assemblée sera tenue en présence du préfet ou du sous-préfet* (Ib.).

Ces magistrats n'auront que voix consultative.

b) **Inspecteurs ecclésiastiques.**

52. *Les inspecteurs ecclésiastiques sont nommés par le Gouvernement, sur la présentation du Directoire* (D. 12).

La nomination à vie est sous-entendue ; toutefois ils ne sont point inamovibles. La loi les fait nommer par le Gouvernement, afin qu'ils en aient d'autant plus d'autorité et d'indépendance vis à vis de ceux sur lesquels ils sont chargés de veiller.

53. *L'inspecteur ecclésiastique est nommé sur une liste de trois candidats envoyée au Gouvernement par le Directoire, et accompagnée d'un rapport* (Arr. min. du 10 nov. 1852. 14).

54. *L'inspecteur ecclésiastique sera chargé de veiller sur les ministres, et sur le maintien du bon ordre dans les églises particulières* (G. 37).

C'est ici le principe général, posé par la loi de l'an X. Les §§. qui suivent, entrent dans les détails, et définissent nettement la sphère d'activité de l'inspecteur ecclésiastique, afin que ses attributions ne soient pas contestées, et que l'importance et l'utilité de son action inspectorale, bien déterminées désormais, soient bien comprises.

55. *Les attributions de l'inspecteur ecclésiastique sont les suivantes :*

Il convoque et préside les assemblées d'inspection légalement autorisées (Arr. min. du 10 nov. 1852. 15 et G. 39).

Dans les assemblées d'inspection, il fera choix d'un bureau provisoire composé de deux scrutateurs, et du membre le plus jeune faisant fonction de secrétaire. Puis, il fera procéder, au scrutin secret, à la nomination d'un bureau définitif (R. III, 59), après quoi seulement commenceront les délibérations sous sa direction. Les procès-verbaux seront signés par le bureau, et transmis, en double expédition, au Directoire (Ib.).

52. *Une expédition du procès-verbal des délibérations sera adressée par le préfet au Ministre des cultes, qui, dans le plus court délai, en fera son rapport au Gouvernement* (Ib.).

Le procès-verbal ne pourra être publié sans autorisation ; il en sera de même, à plus forte raison, des décisions.

53. *L'assemblée d'un synode ne pourra durer que six jours* (G. 32).

La loi proscrit les réunions illimitées tout aussi bien que celles qui seraient dépourvues de contrôle. La disposition rentre dans les conditions ordinaires que l'État pose à toutes les assemblées de haute gravité. Toutefois le Ministre pourra permettre une session complémentaire, comme il l'a déjà fait pour l'autorité suprême de la Confession d'Augsbourg.

56. *Il visite chaque paroisse de son ressort une fois au moins tous les quatre ans, assisté s'il y a lieu des inspecteurs laïques, ou de l'un d'eux seulement* (Ib.)

On a fixé un minimum de visites obligatoires; la loi ne tient pas compte des cas imprévus.

57. *Sur l'autorisation du Directoire, il ordonne les candidats au ministère évangélique, installe les pasteurs et les vicaires, et consacre soit en personne, soit par délégation les églises nouvellement construites* (Arr. min. du 10 nov. 1852. 15).

Installation : procès-verbal en sera dressé par lui, et soumis, en triple expédition, au Directoire (R. I, 92; IV, 159. Agende, R. XII, 108).

58. *Il prêche, quand il le juge convenable, dans les églises de son inspection* (Ib.).

Il est dans l'esprit de la loi, qu'il use surtout de cette latitude, quand une paroisse ne sera point parfaitement calme, pour une cause ou une autre.

59. *Il a le droit de présider accidentellement, avec voix consultative, les Consistoires de son ressort, à l'exception de celui auquel il appartient comme simple membre* (Ib.).

On a jugé que cette présidence sera souvent utile, et que la prudence l'empêchera de devenir abusive.

Le choix du président du Consistoire appartenant au corps, un inspecteur peut n'être pas président de son Consistoire; alors sa position spéciale motive l'exception.

60. *Il soumet à l'approbation du Consistoire supérieur les livres qui doivent servir à l'enseignement religieux et au culte dans le ressort de l'inspection, et veille à ce qu'il en soit fait usage à l'exclusion de tous autres non autorisés* (Ib.).

La diversité n'aura plus lieu dès lors, dans un certain laps de temps, que d'inspection à inspection, ce qui préparera l'accord complet vers lequel tend la loi.

61. *Il donne son avis au Directoire sur l'état moral et les besoins religieux* *d'une paroisse qui est à pourvoir d'un pasteur* (Ib.).

Il est accessible à toute espèce de communications relatives à la nomination future, et pourra d'un autre côté être spécialement consulté par le Directoire sur tel ou tel candidat; mais il n'est point appelé à discuter tous les candidats, pour se prononcer en faveur de l'un d'eux. L'arrêté ne lui confère point la désignation du candidat à nommer, parce que le Décret du 26 mars 1852 veut que le Directoire ait sa pleine liberté, et lui attribue la nomination. On a également voulu éviter par là la non-acceptation, par le Directoire, du candidat que l'inspecteur aurait préféré, et de fâcheuses divisions entre l'autorité supérieure et un fonctionnaire avec qui elle doit être d'accord.

Ajoutons ici que c'est à l'inspecteur de régler la desserte de la cure vacante par les pasteurs du voisinage, du même Consistoire ou d'un Consistoire voisin. (R. I., 181). Ceux qui auront concouru à la desserte, participeront à l'indemnité qui, sur une demande individuelle et non collective (R. II, 65. 159), pourra être obtenue du Ministre.

62. *Il adresse au Directoire, dans le premier trimestre de chaque année et pour l'année précédente, un rapport détaillé sur les paroisses de l'inspection, sur leur état moral et religieux, sur l'action qu'y exercent les pasteurs, sur la manière dont ils remplissent leur ministère, sur le soin qu'ils donnent à l'instruction religieuse, sur l'administration des consistoires et des conseils presbytéraux, sur l'état des biens et bâtiments, etc.* (Ib.).

On voit que l'autorité supérieure desire que ces rapports soient bien complets et se fassent avec la plus grande indépendance. Ils seront rédigés d'après le plan prescrit (R. XI, 147).

63. *Ce rapport général est indépendant des rapports particuliers que les circonstances pourront rendre nécessaires dans le courant de l'année* (Ib.).

64. *Les inspecteurs ecclésiastiques reçoivent une indemnité pour frais* *d'administration et de déplacement, et pour se faire assister dans leurs fonctions pastorales* (D. 12.)

Cette indemnité sera fixée chaque année selon les ressources du budget (Voir R. XII, 29 et 30).

Pour 1853, les traitements de MM. les inspecteurs avaient été fixés comme suit :

Un inspecteur à 500 fr.; deux inspecteurs à 600 fr.; un inspecteur à 700 fr.; un inspecteur à 800 fr.; deux inspecteurs à 850 fr.; un inspecteur à 900 fr.

Encore les fabriques de trois de nos inspections contribuaient-elles ensemble au traitement de leurs inspecteurs pour une somme de 1640 fr. 25 c.

Le traitement de MM. les inspecteurs est établi aujourd'hui de la manière suivante :

Un inspecteur à 700 fr.; deux inspecteurs à 950 fr.; quatre inspecteurs à 1200 fr.; un inspecteur à 1500 fr.

Le Ministre a pris en considération l'importance des inspections, le plus ou moins de facilité à les parcourir, et jusqu'à leur éloignement du siége du Consistoire supérieur, dont la réunion entraîne chaque année, pour MM. les inspecteurs ecclésiastiques, membres de droit de l'assemblée, des frais de voyage et de séjour inévitables.

En même temps qu'il augmentait l'indemnité inspectorale, le Ministre voulut bien diminuer la part contributive des fabriques, qui n'est plus que de 724 fr. 95 c., et parmi ces caisses ont été dégrevées celles qui étaient les plus chargées d'autres dépenses.

c) **Inspecteurs laïques.**

65. *Chaque inspection choisira dans son sein deux inspecteurs laïques* (G.37).

66. *Le choix sera confirmé par le Gouvernement* (Ib.).

Les paragraphes suivants sont destinés à assigner aux inspecteurs laïques, nommés par les assemblées inspectorales, le rang qu'ils doivent occuper, et à leur garantir une légitime part d'influence en précisant leur participation aux affaires ecclésiastiques, plutôt sous-entendue qu'indiquée dans la loi de Germinal.

67. *Les inspecteurs laïques sont les auxiliaires de l'inspecteur ecclésiastique, et le remplacent en cas d'absence ou d'empêchement pour toutes les fonctions qui ne tiennent pas du caractère ecclésiastique* (Arr. min. du 10 nov. 1852. 16. et G. 39.)

68. *Les fonctions que les inspecteurs laïques peuvent être appelés à partager avec les inspecteurs ecclésiastiques, ont pour objet : la conduite des pasteurs, des vicaires, des aumôniers, des candidats au ministère évangélique, consacrés ou non, des étudiants en théologie; la manière dont le culte s'exerce et dont les fonctions pastorales sont remplies; l'état moral et religieux des paroisses; en général tout ce qui touche à l'ordre, à la discipline, à l'administration de l'Église, au maintien des formes du culte, à l'état des édifices et des biens confiés à l'administration et à la surveillance des conseils presbytéraux et des consistoires* (Arr. min. du 10 novembre 1852. 17.)

69. *Les inspecteurs laïques peuvent être directement consultés et chargés de mission par le Directoire* (Ib., même article).

Ils ne sont pas simplement adjoints à l'inspecteur ecclésiastique, dans ce sens qu'ils ne feraient rien que par lui ; l'arrêté veut que dans certains cas où l'inspecteur ecclésiastique ne pourrait pas être chargé d'une mission spéciale, l'autorité puisse avoir recours directement aux inspecteurs laïques.

Ajoutons enfin que si l'art. 18 de l'arrêté ministériel cité, parlant à la fois des inspecteurs laïques et des députés laïques au Consistoire supérieur, déclare « qu'ils sont membres de droit de l'inspection dont ils ont reçu leur mandat, quand même ils auraient été choisis en dehors de la circonscription », cet article ne saurait s'appliquer aux inspecteurs laïques, puisque la loi de Germinal (art. 37) veut qu'ils soient toujours choisis dans le sein même de l'inspection, c'est-à-dire parmi les membres de l'assemblée inspectorale (§. 65).

TITRE IV.

Des Consistoires.

---

a) Circonscriptions.

70. *Les églises particulières de la Confession d'Augsbourg, de même que celles de la communion réformée, seront subordonnées à des Consistoires* (G. 15. 33; D. du 10. nov. 1852, ensemble avec les tableaux y annexés).

Par suite de la création de 13 consistoires nouveaux[1], il y a en ce moment dans l'Église de la Confession d'Augsbourg les 44 consistoires indiqués à l'un des tableaux annexés au D. du 10. nov. 1852 (R. X, 53).[2]

Dans l'Église réformée 13 nouveaux Consistoires aussi ont été créés;[3] ajoutés aux 92 consistoires anciens, ils portent le nombre total des arrondissements consistoriaux réformés à 105. (Voir parmi les tableaux susmentionnés, celui qui se rapporte à l'Église réformée.)

La distribution nouvelle a pour but de faciliter, dans les deux Églises, la réunion des assemblées consistoriales, ainsi que l'admini-

1. Ce sont ceux de S.t Guillaume, S.t Nicolas, Ittenheim, S.te Aurélie, Rothau, Gerstheim, Dettwiller, Pfaffenhoffen, Fénétrange, Drulingen, Soultz-sous-Forêts, Niederbronn, S.te-Marie-aux-Mines. Voir les autres Consistoires au tableau cité.

2. Voir l'état du personnel de toutes nos assemblées consistoriales au 18 novembre 1853, R. X, 122-166.

3. Les treize nouveaux Consistoires sont ceux des *Olières* et de *St. Peray* dans l'Ardèche, de *Saverdun* dans l'Arriège, de *Marennes* et de *Royan* dans la Charente-inférieure, de *Bourges* pour le Cher, la Nièvre, l'Indre et l'Allier, de *Dijon* pour la Côte-d'Or, la Haute-Marne et la Saône-et-Loire, de *Brest* pour le Finisterre, l'Ile-et-Vilaine, les Côtes-du-Nord et le Morbihan, de *Bédarieux* dans l'Hérault, de *St.-Étienne* pour la Loire, le Puy-de-Dôme, la Creuse, la Corrèze, le Cantal, de *Dieppe* et du *Havre* dans la Seine-inférieure, d'*Amiens* pour la Somme (moins un canton rattaché à un autre chef-lieu) et le Pas-de-Calais.

Deux Consistoires ont changé de chef-lieu; celui de La Caune est fixé à *Viane* (Tarn), celui de Rouillé à *Lusignan* (Vienne).

stration des paroisses, et de rattacher aux consistoires les protestants disséminés. Elle ne laisse en dehors du cadre des cultes protestants aucun point du territoire français.

Le Consistoire ne comprend pas nécessairement une population déterminée; il suffit, qu'il soit régulièrement établi (Décis. min. du 14 messid. XI). Il n'est pas non plus interdit au Consistoire de s'étendre d'un département dans un autre. Plusieurs des Consistoires d'aujourd'hui sont dans ce dernier cas; sous le rapport de la population ils diffèrent extrêmement. Toutefois, en établissant les circonscriptions consistoriales actuelles, on a tenu compte, autant que possible, des limites des départements et du nombre des protestants.

Toute nouvelle modification de circonscription consistoriale serait à décréter par le Gouvernement sur la demande des autorités ecclésiastiques (Circ. min. du 31 juill. 1839), et sur l'avis du Conseil municipal de la commune qu'on voudrait distraire (Loi du 18 juill. 1837, 21). Si après expérience faite, et après le plus mûr examen, quelques changements devaient paraître désirables, le Gouvernement statuera sur des propositions qui ne pourront être faites ni sur-le-champ, ni isolément (R. X, 100).

b) **Composition.**

1.° *Le Conseil presbytéral du chef-lieu.*

71. *Les Conseils presbytéraux des chefs-lieux de circonscriptions consistoriales recevront du Gouvernement le titre de Consistoire, et les pouvoirs qui y sont attachés* (D. 2).

Cette prépondérance accordée au chef-lieu a sa raison d'être : elle a pour but la facilité des réunions. La loi veut que pour chaque assemblée consistoriale on puisse être bien sûr de la présence d'un noyau de laïques. Ils seront toujours assez difficiles à réunir dans un grand nombre de consistoires, où les paroisses sont très-distantes les unes des autres.

Du reste l'adjonction d'un grand nombre de laïques a été décrétée pour satisfaire les vœux mêmes des fidèles.

2.° *Un délégué laïque par Conseil presbytéral sectionnaire.*

72. *Chaque Conseil presbytéral sectionnaire nommera un délégué laïque au Consistoire* (D. 2. Circ. min. du 10. nov. 1852. 10).

Le paragraphe ne parle que des paroisses autres que celles du chef-lieu. Le Conseil presbytéral de cette dernière localité, entrant tout entier dans l'assemblée consistoriale, ne saurait y envoyer un délégué comme devront le faire les Conseils presbytéraux sectionnaires, c'est-à-dire, les Conseils presbytéraux des autres paroisses (Même circ. *ib.*).

Ajoutons que les Conseils presbytéraux sectionnaires ne peuvent prendre hors de leur sein le délégué qui leur est accordé (*Ib.*). La loi veut qu'il ne puisse point y avoir de Consistoire dont tous les membres laïques seraient choisis exclusivement dans une ou deux communes, mais que toutes les paroisses particulières soient représentées.

Les paroisses sectionnaires pourvues d'un pasteur auxiliaire rétribué au moyen d'une subvention particulière et d'un secours de l'État, en attendant l'institution d'une paroisse officielle [1], seront assimilées aux autres sections, et auront un délégué au Consistoire (même Circ., 3), mais seulement avec voix consultative (§. 79).

Chaque fois que le Conseil presbytéral aura été appelé à procéder à la nomination dans son sein d'un délégué au Consistoire, il transmettra les extraits des procès-verbaux de l'élection au Consistoire qui, dans l'Église de la Confession d'Augsbourg, après vérification et approbation provisoire, les transmettra à l'approbation définitive du Directoire (Circ. minist. du 14 sept. 1852, 5).

3.° *Représentants des paroisses sectionnaires.*

73. *Le nombre des membres du Conseil presbytéral chef-lieu destiné à recevoir les pouvoirs consistoriaux, sera doublé* (D. 2. Arr. min. du 10 sept. 1852, 2).

Ou en termes plus explicites, empruntés à l'arrêté cité: «Pour que les Conseils presbytéraux des chefs-lieux de circonscription

1. Saverne, Haguenau, Mutterhausen, Sarreguemines, Massevaux, dans l'Église de la Confession d'Augsbourg.

consistoriale puissent délibérer comme Consistoire, le nombre des membres *laïques* dont ils se composent, devra être porté au double.»

Si les numéros 1 et 2 du présent titre donnent aux Conseils presbytéraux leur part à la représentation au Consistoire, le présent numéro en confère une aux paroisses elles-mêmes. La loi veut qu'on ne puisse pas dire que dans nos Consistoires l'élément laïque n'est pas suffisamment représenté.

74. *Les membres ainsi appelés à compléter les Consistoires en doublant le Conseil presbytéral du chef-lieu, devront être élus dans les diverses paroisses* (Arr. min. du 10 sept. 1852, 3).

C'est-à-dire, qu'ils seront élus dans les diverses paroisses *sectionnaires*[1] par le corps électoral, composé des fidèles de ces églises particulières (Circ. min. du 14 sept. 1852), ou par les électeurs paroissiaux inscrits sur les registres de ces paroisses. La loi n'accorde aucun privilége aux citoyens les plus imposés au rôle des contributions directes. Elle aspire au contraire à une représentation large et sincère de toutes les paroisses.

Les détails des formes de l'élection devront s'emprunter aux titres 7 et 8 de l'arrêté.

75. *Chaque paroisse sectionnaire n'enverra pas au Consistoire un nombre total de représentants laïques inférieur à celui des pasteurs qu'elle a le droit d'y faire siéger* (Arr. min. du 10 sept. 1852, 3).

Toute paroisse sectionnaire a facultativement un ou plusieurs représentants laïques, suivant le nombre de ses pasteurs et le chiffre de sa population. La répartition en sera faite équitablement par les Consistoires établis (Circ. min. du 14 sept. 1852, R. X, 23).

Dans quelques Consistoires, les paroisses auront un ou plusieurs représentants élus, indépendamment du délégué désigné par le

1. C'est là du moins ce qui se fait dans l'Église de la Confession d'Augsbourg d'après l'interprétation directoriale (R. X, 19), qui est aussi la plus naturelle, la paroisse chef-lieu se trouvant déjà suffisamment représentée. Dans l'Église réformée au contraire, en conformité du vague de l'interprétation ministérielle (Circ. min. du 10 nov. 1852; R. X, 46), il est permis au Consistoire de répartir les représentants à élire parmi toutes les paroisses du ressort, y compris celle du chef-lieu.

Conseil presbytéral; dans d'autres Consistoires, où le nombre des paroisses dépasse le chiffre des représentants à élire, les paroisses ne jouiront pas toutes de la double représentation. Prenant en considération leur importance respective, le Directoire déterminera, pour l'Église de la Confession d'Augsbourg, sur l'avis du Consistoire intéressé, celles des paroisses qui auront à élire un ou plusieurs représentants (R. X, 19).

Les paroisses auxquelles un ou plusieurs représentants ont été attribués en sus de leur délégué laïque, ont seules le droit de concourir à leur nomination, et deux paroisses ne pourront se réunir à cet effet (Circ. min. du 10 nov. 1852, 10. R. X, 45).

Le Consistoire de Vendenheim, par exemple, dans l'église de la Confession d'Augsbourg, est composé de sept paroisses, le conseil presbytéral du chef-lieu de cinq laïques seulement. Sur les six paroisses sectionnaires il n'y en aura donc que cinq (les plus populeuses) qui nommeront chacune un représentant pour le doublement. Le Consistoire se composera donc de la manière suivante :

Pasteurs.	7
Conseillers presbytéraux du chef-lieu	5
Délégués dont chacun a reçu sa mission de l'un des six conseils presbytéraux sectionnaires	6
Représentants pour le doublement, lesquels ont été nommés chacun par l'une des cinq paroisses sectionnaires les plus populeuses du ressort.	5
Total du nombre des membres.	23

Le Consistoire de Crest, dans l'église réformée, est composé de 7 paroisses, le conseil presbytéral du chef-lieu de cinq laïques seulement. Sur les six paroisses sectionnaires il en est une qui a deux pasteurs. Celle-ci nommera deux représentants pour le doublement. Sur les cinq autres paroisses sectionnaires il n'y en aura plus que trois (les plus populeuses) qui nommeront chacune aussi un représentant pour le doublement. Le Consistoire se composera donc de la manière suivante :

Pasteurs (l'une des paroisses sectionnaires en a deux) .	8
Conseillers presbytéraux du chef-lieu.	5
A reporter . . .	13

Report . . . 13

Délégués dont chacun a reçu sa mission de l'un des six conseils presbytéraux sectionnaires 6

Représentants pour le doublement, nommés par la paroisse sectionnaire à deux pasteurs 2

Représentants pour le doublement nommés par les trois paroisses sectionnaires les plus populeuses après la paroisse sectionnaire à deux pasteurs, ou même par les paroisses quelconques auxquelles le Consistoire aura confié ce choix 3

Total du nombre des membres. 24

Voir d'autres exemples encore dans la Circulaire directoriale du 28 septembre 1852 (R. X, 19), et dans la Circulaire ministérielle du 10 novembre 1852 (R. X, 46).

76. *Les membres laïques que chaque paroisse sectionnaire pourra ainsi élire au Consistoire en sus du délégué laïque qui lui est accordé, seront, autant que possible, choisis au chef-lieu consistorial* (Arr. min. du 10 sept. 1852, 3).

Toutefois ils pourront également être élus par la paroisse sectionnaire dans son propre sein (Circ. min. du 14 sept. 1852, R. X, 23), ou même être choisis dans toute l'étendue de la circonscription consistoriale, ou pris parmi les membres des Conseils presbytéraux sectionnaires comme les délégués eux-mêmes (Circ. dir. du 28 sept. 1852, R. X, 19 et 20).

La disposition de l'arrêté ministériel a pour but de faciliter les séances consistoriales que l'absence des membres éloignés rend trop souvent nulles; pour ne point froisser les intérêts locaux et les exigences des paroisses sectionnaires, elle n'est point absolue. La circulaire ministérielle déclare explicitement ce qui était virtuellement contenu dans l'arrêté, savoir que les représentants pourront être pris dans le propre sein des paroisses sectionnaires. La circulaire directoriale enfin élargit au dernier point les limites, afin que les amours propres locaux eux-mêmes ne se croient point blessés.

77. *Les ascendants et descendants, les frères et alliés au même degré ne peuvent être membres du même Consistoire* (Arr. min. du 10 sept. 1852, 4, et Circ. min. du 10 nov. 1852).

Le texte de l'arrêté ne parle que des Conseils presbytéraux. Mais la circulaire ministérielle citée ajoute : L'incompatibilité résultant des liens de parenté s'applique aux membres élus pour compléter les Consistoires et aux parents des pasteurs, aussi bien qu'aux membres des Conseils presbytéraux.

Les instituteurs communaux et tous les employés subalternes de l'église ne sauraient non plus être membres du Consistoire qui les contrôle.

Dans l'Église de la Confession d'Augsbourg, le receveur consistorial ne saurait non plus être membre du Consistoire; il peut toutefois être admis à y siéger avec voix consultative (R. I, 79).

Dans l'Église réformée au contraire, le trésorier consistorial, devant être pris parmi les membres du Consistoire (§. 99), y siége toujours.

Dans les cas où des alliés, au degré prohibé, seraient nommés membres du Consistoire, le Directoire décidera, dans l'Église de la Confession d'Augsbourg, laquelle des deux élections qui seront en présence devra être regardée comme valable.

4.° *Les pasteurs du ressort consistorial.*

78. *Tous les pasteurs du ressort consistorial sont membres du Consistoire* (D. 2).

Leur droit date du jour de leur installation (Comp. G. 26, et R. II, 164).

79. *Les pasteurs auxiliaires et suffragants à divers titres, les aumôniers des lycées ou colléges, des hospices et prisons, peuvent être admis, sur l'autorisation du Ministre, à siéger dans le Consistoire duquel ils relèvent, avec voix consultative* (Arr. min. du 10 sept. 1852, 5).

Les ecclésiastiques désignés ci-dessus auront à adresser leur demande au Consistoire du ressort, lequel dans l'Église de la Confession d'Augsbourg la transmettra, avec avis, au Directoire, dans l'Église réformée au Ministre.

80. *Dans les églises consistoriales composées d'une seule paroisse, et qui par conséquent n'ont pas de sections, une seule assemblée, ayant un nombre de membres double de celui des Conseils presbytéraux, fera fonction à la fois de Conseil presbytéral et de Consistoire* (Circ. min. du 10 nov. 1852. 2).[1]

1. Quoique cette disposition ne soit portée ni par une loi, ni par un arrêté ministériel, nous l'insérons ici, par exception, en italique, vu son importance, et parce qu'elle ne trouverait guère sa place parmi les notes.

Les consistoires de cette catégorie sont ceux du Temple-Neuf, de Paris, de St. Thomas, de Ste. Aurélie, de St.-Pierre-le-vieux et de Colmar, dans l'Église de la Confession d'Augsbourg; ceux de Dijon, Besançon, Brest, Bordeaux, Clairac et Rouen, dans l'Église réformée.

c) **Renouvellement.**

81. *Le Consistoire est renouvelé tous les trois ans comme le Conseil presbytéral* (D. 3).

C'est-à-dire non partiellement au fur et à mesure des extinctions, mais par moitié tous les trois ans dans sa partie laïque (voir le titre 6).

Les procès-verbaux de renouvellement, qui seront dressés dans l'Église de la Confession d'Augsbourg sur des cadres imprimés à cet effet (R. I, 116, 199; IX, 145), seront transmis pour cette Église au Directoire en double expédition (R. IV, 149); pour l'Église réformée au Ministre, avec l'indication des qualités civiles, état et fonctions consistoriales de tous les membres du Consistoire (R. I, 180).

82. *Les membres sortants du Consistoire peuvent toujours être réélus* (Arr. min. du 10 sept. 1852, 21).

d) **Présidence.**

83. *Après chaque renouvellement le Consistoire élit son président parmi les pasteurs qui en sont membres, et l'élection est soumise à l'agrément du Gouvernement* (D. 3).

La loi veut que le zèle et le talent puissent être appelés à ce poste d'honneur, sans que pour cela l'expérience de l'âge soit exclue. La présidence ne doit pas être inféodée à tout jamais à un seul et même ecclésiastique qui n'aurait pas la confiance du corps qu'il est appelé à diriger.

Les Consistoires de la Confession d'Augsbourg qui, par un motif quelconque ne voudront pas élire leur président, pourront demander au Directoire de faire cette nomination en leur lieu et place (Arr. min. du 10 sept. 1802, 6; R. X, 28), par suite d'une disposition qui ne se rapporte qu'à des cas très-exceptionnels (R. X, 20).

84. *Le président devra, autant que possible, résider au chef-lieu du ressort* (D. 3).

Les termes «autant que possible» donnent aux Consistoires toute latitude. La loi se borne à indiquer qu'en thèse générale la présidence est le plus convenablement placée au centre d'action du Consistoire. Mais celui-ci n'en peut pas moins choisir son président parmi tous ses pasteurs.

Les fonctions de président du Consistoire sont gratuites.

85. *Lorsqu'il aura atteint l'âge de soixante et dix ans, ou qu'il se trouvera empêché par des infirmités, le Gouvernement pourra, après avis du Consistoire, lui donner le titre de président honoraire, et le Consistoire fera un nouveau choix* (D. 3).

En cas d'empêchement temporaire du président, le plus ancien pasteur, c'est-à-dire le plus ancien en fonctions dans le ressort de la circonscription consistoriale, présidera la séance (R. II, 81).

86. *En cas d'empêchement temporaire des pasteurs, le plus âgé des membres laïques remplit provisoirement les fonctions de président* (Arr. min. du 10 sept. 1852. 6).

Dans les églises de la Confession d'Augsbourg le président du Directoire ou un membre délégué à cet effet, et l'Inspecteur ecclésiastique peuvent présider les séances du Consistoire (Ib.).

Dans ces rares occasions, l'inspecteur ecclésiastique ou le président du Directoire n'auront que voix consultative (R. X, 21).

87. *Un des membres laïques est chargé des fonctions de secrétaire du Consistoire* (G. 21; Arr. min. du 10 sept. 1852, 6).

Un laïque sera secrétaire en titre; un pasteur pourra être revêtu des fonctions de secrétaire rédacteur (R. II, 88), quoiqu'une exécution plus stricte de la loi serait sans doute à désirer (R. VIII, 19).

88. *Les fonctions des secrétaires consistoriaux seront analogues à celles qui sont déterminées pour les secrétaires des conseils presbytéraux. Le secrétaire consistorial sera élu à chaque renouvellement du Consistoire* (Arr. min. du 20 mai 1853, 8).

Les fonctions de secrétaire sont gratuites.

e) Séances.

89. *Les Consistoires sont convoqués par leurs présidents au chef-lieu de leurs circonscriptions respectives en séances ordinaires au moins une fois par trimestre, aux jours marqués par l'usage* (G. 22 et Arr. min. du 10 sept. 1852, 7).

a) *Époque.* Sera donc à considérer comme séance ordinaire,

chaque fois la première du trimestre, et en général toute séance qui sera provoquée par l'initiative du président. La date de ces séances sera, dans la règle, fixée d'avance, et communication de cette date transmise aux inspecteurs (R. I, 180; voir aussi la Circulaire, t. XI, p. 156). La loi prescrit des séances ordinaires, et demande qu'on se réunisse à des jours fixés par l'usage, afin d'empêcher que le Consistoire et la direction des affaires ne dépendent d'une volonté arbitraire.[1]

b) *Lieu.* La réunion dans une commune autre que le chef-lieu sera tolérée dans les cas, rares du reste, où la nécessité de l'exception sera démontrée (R. II, 80).

c) *Local.* Le local où le Consistoire se réunit doit être convenable (R. III, 195).

d) *Ordre du jour.* Aucun objet ne peut être mis en délibération, qu'il ne soit préalablement porté sur l'ordre du jour. Le président est chargé de le former, en tenant compte de toutes les demandes par écrit qu'il aura reçues au moins huit jours d'avance (R. I, 179). Chaque séance s'ouvrira par la lecture du procès-verbal de la séance précédente (*Ib.*). L'inspecteur ecclésiastique sera d'avance instruit de l'ordre du jour (R. XI, 156).

e) *Direction.* Le président sera chargé de maintenir le calme et le bon ordre dans les réunions consistoriales (R. I, 180).

90. *Ils pourront être convoqués extraordinairement, suivant les besoins du service et sur la demande motivée de trois membres ou d'un conseil presbytéral* (G. 22, et Arr. min. du 10 sept. 1852, 7).

Sera donc séance extraordinaire celle qui sera provoquée de la manière susdite. La loi les distingue des séances ordinaires, dont le nombre est restreint, parce qu'elle veut prévenir des réunions trop multipliées.

91. *Pour que les Consistoires puissent délibérer, il faut non-seulement que la moitié au moins des membres assistent à la séance, mais encore que la moitié au moins des pasteurs des*

1. Les quatre sessions ordinaires des Conseils de fabrique catholiques ont lieu le premier dimanche de janvier, le dimanche de *Quasimodo*, le premier dimanche de juillet et le premier dimanche d'octobre.

sections et de leurs délégués laïques soient présents (Arr. min. du 10 sept. 1852, 8).

C'est là une disposition des plus importantes à observer, afin que les délibérations ne soient pas annulées pour vice de forme. Elle est due à la susceptibilité des paroisses qui ont craint de voir leurs intérêts compromis par la prépondérance du chef-lieu. L'arrêté veut que, pour valider une délibération, l'on constate même la présence de la moitié des pasteurs et des délégués laïques des paroisses sectionnaires, afin d'assurer la complète indépendance de ces dernières.

Par délégués laïques il convient d'entendre, dans cet article, non pas seulement les délégués laïques proprement dits, désignés par les divers conseils presbytéraux sectionnaires, mais encore les représentants de ces mêmes églises élus par le suffrage paroissial.

En cas de partage dans les délibérations du Consistoire réformé, le président a voix prépondérante (Arr. minist. du 20 mai 1853, 10). Dans les églises de la Confession d'Augsbourg, la voix du président n'est point prépondérante d'après une ancienne décision directoriale (R. II, 82). Toutefois, vu l'arrêté ministériel cité relatif aux Consistoires réformés, la question peut être regardée, pour l'Église de la Confession d'Augsbourg, comme douteuse.

92. *Les membres présents signent au registre des délibérations, et leurs noms sont rapportés en tête des extraits du procès-verbal, lesquels sont signés par le président et le secrétaire* (*Ib.*).

a) *Procès-verbal.*

Le procès-verbal, comme toutes les pièces émanant du Consistoire, sera rédigé en langue française, sur papier in-folio et sur feuille double (R. I, 173).

Il sera l'exposé fidèle de tout ce qui se sera passé à la séance; s'il n'y a point lieu à délibérer sur l'un ou l'autre objet parvenu au président dans l'intervalle d'une séance à l'autre, il n'en doit pas moins être fait mention, au registre des délibérations, de cet objet spécial (R. II, 86).

Chaque objet sera inséré au procès-verbal sous un numéro particulier (R. I, 179).

On évitera soigneusement dans la rédaction toutes les personnalités quelconques (*Ib.*).

Les sommes seront exprimées en toutes lettres (R. IV, 7).

Il sera fait mention des membres présents par catégorie, ainsi qu'il suit :

1.° Les pasteurs; 2.° les membres laïques du conseil presbytéral chef-lieu; 3.° les représentants des paroisses sectionnaires; 4.° les délégués des conseils presbytéraux sectionnaires (R. X, 86).

Il sera également fait mention des membres absents, avec les motifs de leur absence (R. I, 46; VI, 223), et du local où s'est tenue l'assemblée (R. IV, 6).

b) *Extraits du procès-verbal. Pièces en général.*

Les extraits contenant des délibérations sujettes à confirmation, ratification, autorisation, seront transmis en double expédition, sur feuilles entières, in-folio, papier libre (R. I, 76 et 180).

Les seuls extraits sujets à être produits en justice seront rédigés, savoir : un exemplaire sur papier timbré, l'autre sur papier libre (R. I, 180).

On aura soin de transmettre, pour chaque objet, une pièce particulière (*ib.*). Jamais deux affaires ne doivent être traitées dans une même pièce (Circ. min. du 26 mai 1853).

L'objet de chaque pièce doit être indiqué à la marge (*Ib.*).

Les demandes relatives au service ne doivent pas être formées par simple lettre, mais par délibération régulièrement certifiée (*Ib.*).

Les Consistoires s'attacheront à ne transmettre que des dossiers complets où se trouvent réunis tous les renseignements et toutes les pièces exigées par les règlements (*Ib.*).

Dans les églises réformées, toute délibération consistoriale doit être accompagnée d'une lettre d'envoi spéciale au Ministre (*Ib.*).

Le Consistoire réformé adressera au Ministre, par l'entremise du Préfet, toutes les affaires qui devront être accompagnées de l'avis de ce magistrat. Il donnera au Ministre avis de cette transmission, pour que le Ministre puisse réclamer le dossier, si l'envoi vient à souffrir du retard (*Ib.*).

93. *Tout délégué laïque qui, sans motifs agréés, aura manqué à trois séances consécutives, sera réputé démissionnaire* (Arr. min. du 10 sept. 1852, 7).

94. *Le pasteur qui refusera d'assister aux séances sera également envisagé comme démissionnaire* (Décis. min. du 19 mai 1831).

Cette disposition (R. II, 85) ne frappe qu'un refus à la fois obstiné et non motivé.

Ajoutons qu'il n'y a pas lieu d'accorder une *indemnité* pour frais d'assistance et de déplacement. Elle ne pourra être payée que là où elle serait assurée par une donation faite en vue de cette destination spéciale.

f) Attributions.

95. *Le Consistoire de la Confession d'Augsbourg veille au maintien du bon ordre et de la discipline dans les églises de sa circonscription; il s'assure de la conservation et de l'entretien de tous les biens et bâtiments confiés à sa surveillance, et à l'administration des conseils presbytéraux de son ressort* (G. 20. Arr. min. du 10 nov. 1852, 5).

Le Consistoire réformé transmet au Gouvernement, avec son avis, les délibérations des conseils presbytéraux. Il veille à la célébration régulière du culte, au maintien de la liturgie et de la discipline, et à l'expédition des affaires dans les diverses paroisses de son ressort (G. 20. Arr. min. du 20 mai 1853, 6).

Le Consistoire n'est ni une autorité législative, ni un corps purement administratif; c'est une autorité ecclésiastique. Ses attributions ne se résument pas dans une simple surveillance, mais en un droit supérieur à celui du conseil presbytéral dont il transmet toutes les délibérations, avec son avis, au Directoire dans l'Église de la Confession d'Augsbourg, au Gouvernement dans les Églises réformées.

Notons aussi que par le terme d'attributions, la loi n'entend parler d'aucun droit qui ne constituerait en même temps une obligation. Il ne s'agit, ni dans ce titre ni ailleurs, de droits qu'il serait loisible à tel corps constitué de l'Église d'exercer ou de ne pas exercer. En parlant d'attributions, la loi a toujours en vue une sphère d'activité bien déterminée, dont la négligence serait à la fois le mépris d'un droit et l'oubli d'un devoir.

Au maintien du bon ordre dans les églises se rattachent les questions d'enseignement religieux et celles d'instruction en général. A cet égard il entre dans les attributions du Consistoire de s'occuper au moins une fois par an de l'état de l'*instruction religieuse* dans les écoles de son ressort (R. I, 178; comp. §. 194), et de présenter au Préfet une liste de quatre candidats au plus pour les fonctions d'*instituteur primaire* lors d'une vacance (Loi du 15 mars 1850, 31; R. VII, 76, 185; D. du 9 mars 1852, 4; R. XI, 118 et 157; loi du 14 juin 1854, 8; R. XI, 157). Les candidats seront choisis sur la liste officielle d'admissibilité et d'avancement (R. IX, 148). Toute nomination faite en dehors de la liste de présentation du Consistoire est illégale (Décis. min. du 23 août 1851, R. IX, 4); néanmoins le Préfet a le droit d'opérer des permutations d'instituteurs sans prendre l'avis des Consistoires (Lettre minist. du 15 avril 1853; R. XI, 118 et 157).

96. *Le Consistoire de la Confession d'Augsbourg délibère sur l'acceptation des donations et legs faits au Consistoire ou confiés à son administration, donne son avis sur les délibérations des conseils presbytéraux qui ont pour objet les donations et les legs faits aux diverses églises de sa circonscription, et contrôle l'administration des conseils presbytéraux* (G. 20; Arr. min. du 10 nov. 1852, 6).

Le Consistoire réformé surveille l'administration des biens des paroisses, et administre les biens consistoriaux; il accepte, sous l'approbation de l'autorité supérieure, les legs et donations faits au Consistoire ou indivisément aux églises de son ressort; il arrête les budgets, vérifie et approuve les comptes des conseils presbytéraux (G. 20; Arr. min. du 20 mai 1853, 6).

Le Consistoire a donc évidemment qualité pour acquérir et pour posséder en tant que Consistoire, c'est-à-dire encore des biens autres que ceux que plusieurs paroisses du ressort posséderaient par indivision.

97. *Le Consistoire administre seul les biens et revenus des églises de son ressort qui possèdent par indivision* (G. 20; Arr. min. du 10 nov.1852, 7).

Il est le seul administrateur de ces biens autant que l'*indivision* subsiste. Toutefois, comme nul ne peut être contraint de rester dans l'indivision, et que le partage peut être toujours provoqué, nonobstant prohibitions et conventions contraires (C. N., 815), les paroisses particulières peuvent, dès qu'elles le désirent et après que le partage aura été ordonné, rentrer dans leurs droits d'administration.

98. *Toutes les délibérations du Consistoire de la Confession d'Augsbourg et tous les actes de son administration ne sont va-*

lables qu'autant qu'ils ont reçu l'approbation du Directoire (Arrêt min. du 10 nov. 1852, 8).

Le Consistoire réformé nomme aux places de pasteur qui viennent à vaquer ou à être créées dans les églises de son ressort, et propose au Gouvernement la création de places nouvelles (G. 26; D. 5; Arr. min. du 20 mai 1853, 7).

Pour la nomination des pasteurs réformés, voir notre titre 5 des pasteurs. Pour le mode d'obtenir la création de places nouvelles ou l'adjonction d'un nouveau pasteur, voir §. 15. Ajoutons ici que les Consistoires de la Confession d'Augsbourg n'ont pas qualité pour correspondre avec le Ministre sans l'intermédiaire du Directoire, et qu'en général les démarches de Consistoire à Consistoire sont interdites comme étant tout à fait irrégulières (Circ. min. du 26 mai 1853).

99. *La gestion des biens et revenus de toutes les paroisses faisant partie d'un même Consistoire de la Confession d'Augsbourg, est confiée à un seul receveur consistorial, nommé par le Directoire sur la proposition du Consistoire. Ce receveur est tenu de fournir un cautionnement dont l'importance sera fixée par le Directoire* (Arr. min. du 10 nov. 1852, 9).

A chaque renouvellement, le Consistoire réformé élit parmi ses membres laïques un trésorier consistorial, dont les fonctions, analogues à celles déterminées pour le trésorier du Conseil presbytéral, pourront être confiées au trésorier presbytéral du chef-lieu (Arr. min. du 20 mai 1853, 8).

Le Consistoire réformé dresse au mois de décembre de chaque année le budget de ses recettes et de ses dépenses pour l'année suivante. Il vérifie et arrête les comptes qui sont rendus, à l'expiration de chaque année, par son trésorier (*Ib.*, 9).

Le Consistoire de la Confession d'Augsbourg devra, pour la nomination de son *receveur consistorial*, fournir au Directoire des renseignements précis sur la capacité, la moralité et les garanties de solvabilité des différents postulants, et indiquer les motifs de préférence qui lui paraîtront militer en faveur de celui qu'il proposera plus spécialement. Il devra de plus fournir un état détaillé par nature de biens, de rentes, de capitaux ou d'aumônes, de tous les revenus à gérer par le receveur, et donner son avis sur le montant du cautionnement à exiger (R. X, 83).

Il donnera également son avis sur le taux du traitement ou des remises qu'il conviendra d'allouer au receveur. Ce traitement sera réglé par le Directoire (R. I, 77; X, 59, 83).

Le cautionnement pourra être fourni par le receveur consistorial, soit en espèces déposées à la caisse des dépôts et consignations, soit au moyen d'une affectation hypothécaire. Dans ce dernier cas, les frais de l'acte de constitution d'hypothèque seront à la charge du receveur, qui devra, sous peine de révocation, faire renouveler les inscriptions en temps utile (R. X, 83).

Du reste, l'hypothèque légale est attribuée aux biens des paroisses sur tous les biens du *receveur* ou du *trésorier consistorial* (C. N., 2121 et s.). Le Consistoire aura soin de faire inscrire cette hypothèque. Il ne sera pas nécessaire, en cette occurrence, de fixer les valeurs quant aux objets qui, de leur nature, sont conditionnels, éventuels ou indéterminés (C. N., 2153), la seule inscription suffit. Elle sera renouvelée tous les dix ans (C. N., 2154).

Le receveur ou trésorier consistorial tiendra autant de comptes séparés qu'il gérera de fabriques indépendantes l'une de l'autre (R. I, 77). Il dressera, tous les mois de décembre, un budget qui servira de base au compte qu'il devra rendre à la fin de l'année suivante. Budgets et comptes seront vérifiés et arrêtés par le Consistoire.

Le même receveur ou trésorier pourra être proposé par plusieurs Consistoires. Dans les églises de la Confession d'Augsbourg, le Directoire appréciera si la gestion en peut être cumulée sans inconvénient (R. X, 60).

Il a déjà été dit (§. 77) que le receveur consistorial de la Confession d'Augsbourg ne saurait être membre du Consistoire à la surveillance duquel sa gestion est soumise, quoiqu'il puisse y siéger avec voix consultative.

Les arrêtés de compte pris par le Directoire seront lus en séance consistoriale (R. II, 35; IX, 176).

Le receveur consistorial sera révocable par le Directoire (R. I, 77).

g) **Correspondance et archives.**

100. *Les Consistoires réformés correspondent directement avec le Gouvernement ; ceux de la Confession d'Augsbourg* *correspondent avec le Directoire par l'intermédiaire des Inspecteurs ecclésiastiques* (Arr. min. du 10 nov. 1852, 10).

La correspondance est en franchise, mais doit être contresignée.

Toutes les pièces produites aux séances consistoriales sont déposées aux *Archives* sous le numéro de leur mention au procès-verbal (R. I, 179).

Le registre courant des délibérations restera entre les mains du secrétaire chargé de rédiger les procès-verbaux. Le secrétaire donnera communication de ce registre au président, à sa demande (R. II, 86.)

Les archives des Consistoires ont leur siége au temple du chef-lieu (Circ. min. du 14 sept. 1852; R. X, 23). Leur garde est confiée au secrétaire et au président du Consistoire (Circ. min. du 26 mai 1853).

h) **Protestants disséminés.**

101. *Les protestants disséminés sont rattachés administrativement au Consistoire le plus voisin* (D. 4; Tableaux annexés au D. du 10 nov. 1852).

Le Gouvernement veut qu'il n'y ait plus en France de protestants placés en dehors de l'action bienfaisante que les Consistoires sont appelés à exercer; il ne permet plus que toute une classe de citoyens demeure étrangère aux instructions et aux consolations que les pasteurs sont chargés de répandre, ne sache à qui s'adresser pour la satisfaction légitime de ses besoins religieux. Tous doivent être mis à même de ressentir l'influence salutaire du culte qu'ils professent; aucun Français ne doit se trouver dans le cas de réclamer en vain les secours de l'Église de sa confession. Ainsi les Consistoires existants de la Confession d'Augsbourg sont officiellement mis en demeure de subvenir, autant que faire se pourra, à la direction spirituelle des protestants de leur communion, dispersés dans les départements voisins, et de provoquer, de la part de l'État, toute espèce de mesure qui pourra sembler indispensable à l'avancement de la grande œuvre de leur évangélisation. Et d'autre part, les vingt-sept départements qui jadis étaient en dehors de la carte de la France réformée, sont rattachés à des Consistoires expressément investis du devoir de réunir la partie disséminée du peuple réformé aux centres reconnus du culte évangélique, et de poursuivre la création de paroisses nouvelles dans les localités qui ont besoin d'en être pourvues.[1]

1. Les vingt-sept départements en question sont rattachés aux départements et aux Consistoires voisins ainsi qu'il suit: Basses-Alpes aux Hautes-Alpes (Orpierre); Marne aux Ardennes (Sédan); Indre, Nièvre, Allier au Cher (Bourges); Haute-Marne, Saône-et-Loire à la Côte-d'Or (Dijon); Jura, Haute-Saône au Doubs (Besançon); Ille-et-Vilaine, Côtes-du-Nord, Morbihan au Finisterre (Brest); Pyrénées-Orientales à l'Hérault (Montagnac); Creuse, Corrèze, Cantal à la Loire (Saint-Étienne); Mayenne, Sarthe à la Loire-Inférieure (Nantes); Indre-et-Loire, Yonne au Loiret (Orléans); Meuse à la Meurthe (Nancy); Hautes-Pyrenées, Landes aux Basses-Pyrénées (Orthez); Eure à la Seine-Inférieure (Rouen); Aude au Tarn et à l'Hérault (Mazamet et Montagnac); Lot à Tarn-et-Garonne (Négrepelisse); Haute-Vienne à la Vienne (Lusignan). Du reste, les protestants disséminés, rattachés par les tableaux cités aux circonscriptions consistoriales existantes, seront partagés sans doute entre les paroisses du ressort, dans l'Église de la Confession d'Augsbourg, par arrêtés directoriaux, dans l'Église réformée, par décisions des Consistoires.

TITRE V.

Des pasteurs.

a) Nomination des pasteurs.

102. *Dans l'Église de la Confession d'Augsbourg le Directoire nomme les pasteurs, et soumet leur nomination au Gouvernement* (D. 11 et G. 26).

a) *Nomination.*

La loi veut donner à l'autorité directoriale une action plus forte et plus soutenue, prévenir les intrigues, l'agitation, la division dans les communes, garantir la dignité des concurrents et en eux celle du ministère, préserver enfin le choix à faire des hasards inséparables du vote qui procéderait d'un corps moins haut placé et moins compétent.

«Le Directoire, est-il dit dans une circulaire directoriale (R. X, 60), a dans ses archives les renseignements les plus précis sur chaque pasteur, à partir de ses années d'études ecclésiastiques ; il fera donc son choix avec pleine connaissance des droits acquis et des services rendus ; il le fera de plus avec le vif désir de satisfaire à la fois et le Consistoire où entrera le nouveau pasteur, et la paroisse à laquelle il sera donné, et le pasteur lui-même. Avant tout, l'intérêt de la paroisse; les convenances personnelles en second lieu seulement ; le Directoire sera toujours heureux de pouvoir tout concilier.»

102. *Les pasteurs de l'Église réformée sont nommés par le Consistoire* (G. 26, D. 5.)

La loi refuse l'élection aux Conseils presbytéraux parce qu'elle pense qu'un droit aussi grave est mieux exercé par une assemblée supérieure et qui offre plus de garanties d'indépendance et de lumières. Les mêmes raisons pour lesquelles, dans l'Église de la Confession d'Augsbourg, on n'accorde pas la nomination aux Consistoires (voir les notes ci-contre), empêchent *a fortiori* de la laisser entre les mains du Conseil presbytéral.

a) *Pasteurs adjoints.*

De même que les pasteurs, les pasteurs adjoints, dans l'Église réformée, sont nommés par le Consistoire. Plusieurs pasteurs adjoints réformés sont établis à Paris et à Marseille.

b) *Pasteurs suffragants, pasteurs vicaires.*

La nomination de ces pasteurs auxiliaires est confiée, dans l'Église réformée, au Conseil presbytéral (§. 146) sous réserve de l'approbation du Consistoire. Nous n'en parlons ici que pour mémoire et pour compléter ce tableau. Il en est de même des

Remarquons que la commission instituée en 1846 par la conférence des pasteurs de l'Alsace pour élaborer un travail sur les attributions consistoriales, avait déjà manifesté le regret que le Directoire, qui en 1806 a pris l'initiative de l'élection des pasteurs, n'eût pas fait, dès l'origine, un pas plus loin, et ne se fût pas conquis dès alors une influence encore plus décisive. En tout cas, disait la Commission, ce que le Directoire a fait en ce sens restera toujours digne d'approbation. *Das durch die organischen Artikel erschaffene Wahlsystem ist ein falsches, der Natur der Sache nach unhaltbares. Es zersplittert die Kirche . . . Wollte Gott wir hätten ein Mittel das ganz zu gewinnen, was im Jahr* 1806 *nur zur Hälfte gethan worden ist; denn gewiss die Männer, welche damals im Direktorium sassen, haben zwar ein böses Beispiel gegeben in der Form, in der Sache aber klug und zweckmässig gehandelt, und auch recht so lange* salus populi suprema lex est (Reuss, Heydenreich et Cunitz, *Conferenz-Archiv*, I, p. 399 et 400).

Du reste, les nominations seront l'objet, peut-être, d'un règlement ultérieur (R. XI, 85; XII, 47-57).

b) *Confirmation.*

L'arrêté de nomination est transmis au Gouvernement par l'intermédiaire du préfet, qui intervient pour donner un avis sur le candidat proposé à la confirmation de l'Empereur. Le Gouvernement peut, pour des motifs d'une haute gravité, refuser la confirmation ; il n'est point tenu alors de rendre publics ses motifs.

L'autorisation de fonctionner datera du jour de la réception de la confirmation par le Gouvernement.

c) *Inamovibilité.*

Les pasteurs ont un titre inamovible, dont ils ne sauraient être dépouillés sans le concours du magistrat politique; le changement de résidence n'est pas contraire au principe d'inamovibilité, attendu que ce principe implique qu'on ne peut être arbitrairement éloigné de son em-

c) *Suffragants ou vicaires.*

L'admission des suffragants proposés par les pasteurs est confiée, dans l'Église réformée, au Conseil presbytéral (§. 146) sous réserve de l'approbation du Consistoire.

d) *Aumôniers des lycées.*

C'est au Consistoire réformé de proposer aux fonctions d'aumônier pour les établissements qui en sont pourvus. Des aumôniers réformés se trouvent aux lycées de Nîmes, Tournon, Toulouse, Saint-Étienne, Castres, Louis-le-Grand à Paris, et Napoléon également à Paris. Dans d'autres colléges des cours de religion ont lieu sans qu'il y ait un titulaire. S'il semblait nécessaire de provoquer la nomination d'un aumônier d'un lycée, le Consistoire, en s'appuyant sur les avis du maire et du préfet, s'adresserait au recteur pour transmettre, par son intermédiaire, la demande au Gouvernement.

e) *Aumôniers des hôpitaux civils.*

C'est encore au Consistoire de nommer ces aumôniers, là où la place existe; où bien, là où il n'y a point de titulaire, de désigner le pasteur qui devra remplir les fonctions d'aumônier. Le Consistoire provoquera la création de la place, là où ce service spécial serait reconnu indispensable.

f) *Aumôniers des hôpitaux militaires.*

Il n'en existe pas. Mais le Consistoire désignera spécialement tel pasteur à l'effet de desservir l'hôpital militaire de la circonscription, en ayant soin de faire viser cette autorisation par le préfet. Le ministre de l'Évangile ainsi désigné sera toujours admis dans l'hôpital militaire.

g) *Aumôniers des prisons civiles et maisons de détention.*

Un aumônier réformé est attaché à la maison de détention de Moulins. Sa nomination appartient au Consistoire.

Voir pour d'autres détails concernant les pasteurs adjoints ou auxiliaires à divers titres, et les aumôniers des différents établissements qui en sont pourvus, les notes du §. 103, colonne à gauche.

ploi, et non qu'on y est attaché pour toujours.

103. *Il nomme les suffragants ou vicaires, et propose aux fonctions d'aumônier pour les établissements civils qui en sont pourvus* (D. 11).

a) *Pasteurs adjoints.*

Nous n'en parlons ici que par analogie; car c'est le paragraphe précédent qui les concerne. Les pasteurs adjoints sont des pasteurs reconnus par l'État, et concourant avec un ou plusieurs pasteurs en titre à la desserte, mais non à l'administration d'une paroisse. Ils sont admis au Consistoire avec voix délibérative. Leur nomination par le Directoire est soumise au Gouvernement.

Les deux pasteurs adjoints que nous avons dans l'Église de la Confession d'Augsbourg, résident l'un à Wasselonne, l'autre à Saar-Union, un troisième est à Alger.

b) *Pasteurs suffragants, pasteurs vicaires.*

Ce sont des pasteurs rétribués au moyen d'une subvention particulière et, le cas échéant, d'un secours de l'État. Ils ne sont point reconnus par le Gouvernement, mais préposés à l'administration comme à la desserte des oratoires qui leur sont confiés. Au Consistoire ils n'ont que voix consultative. Leur nomination n'est pas soumise au Gouvernement. Elle procède, dans l'Église de la Confession d'Augsbourg, du Directoire.

Des pasteurs-vicaires de la Confession d'Augsbourg résident à Saverne, Haguenau, Mutterhausen, Sarreguemines, Massevaux, à Paris pour la banlieue, etc.

c) *Suffragants ou vicaires.*

Ce sont des ministres du Saint-Évangile qui remplacent temporairement un pasteur en cas de maladie ou d'infirmités causée par un âge très-avancé. Ils ne sont ni reconnus, ni rétribués par l'État, n'ont d'ordinaire aucun droit d'administration, et ne sont admis au Consistoire avec voix consultative qu'en remplacement du pasteur auquel ils prêtent assistance. Ils sont nommés

103. *Le conseil presbytéral de la paroisse intéressée présentera une liste de trois candidats classés par ordre alphabétique* (D. 5. Arr. min. du 20 mai 1853. 1).

La faculté de présenter cette liste de candidats appartient de droit au Conseil presbytéral, qui demeure libre d'en user ou d'abandonner entièrement le choix à la sagesse du Consistoire. « Le Décret a entendu offrir une garantie sérieuse aux paroisses, et prévenir les conflits que l'absence de ces garanties a trop souvent provoqués » (Circ. min. du 26 mai 1853).

L'ordre alphabétique doit rendre réelle l'importance de la liste de candidature. Les trois candidats se présenteront *ex æquo* aux suffrages du Consistoire.

sans aucune intervention du Gouvernement.

Dans la Communion d'Augsbourg, le pasteur qui aura besoin d'un vicaire, s'adressera au Directoire et lui soumettra les ressources qui se présentent pour procurer au vicaire un traitement convenable, lequel pourra consister en rétributions payées par le pasteur (en sns du logement et de la nourriture), par la commune civile, par les fidèles ou par la fabrique. Le candidat désigné sera tenu d'accepter, à moins de circonstances extraordinaires dont le Directoire sera juge (R. V, 57). En nommant un vicaire, le Directoire ne saurait lui accorder la survivance du titulaire (R. II, 165). Bien au contraire, un vicaire ne peut être nommé dans la paroisse qui devient vacante pendant son exercice.

d) *Aumôniers des lycées.*

Aujourd'hui l'aumônier du lycée de Strasbourg seul se rattache à la Confession d'Augsbourg (R. II, 115. X, 166).

C'est au Directoire dans la Communion d'Augsbourg, à s'entendre avec les recteurs pour la demande de création de places d'aumôniers aux lycées, en s'appuyant sur des avis à délivrer par le maire et le préfet (Circ. minist. du 12 nov. 1835. R. II, 115).

Quant aux lycées qui ne peuvent être pourvus d'aumôniers, s'il s'y trouve des élèves appartenant au culte protestant, et s'il existe dans la ville une église de ce culte, le recteur, en se concertant avec le Directoire ou le Consistoire, fera en sorte qu'un des pasteurs soit appelé à donner à ces élèves l'instruction religieuse. Toutes les fois que le nombre des enfants ainsi confiés aux soins d'un pasteur s'élèvera à dix, une indemnité lui sera allouée. Aucun pasteur ne sera admis à donner dans un lycée l'instruction religieuse, sans l'approbation du ministre (*Ib.*).

e) *Aumôniers des hôpitaux civils.*

Un aumônier spécial peut être attaché à un hôpital civil sur la demande du Directoire, après avis du préfet (Déc. du 11 fruct. XI. Ord. du 31 oct. 1821. Circ. minist. du 8 fév. 1823).

A défaut d'un aumônier spécial, les pasteurs, appelés ou non, ont libre entrée à l'hôpital, s'ils sont dûment accrédités et désignés *ad hoc* par l'autorité ecclésiastique. Toute tentative de prosélytisme est interdite (Circ. minist. du 25 déc. 1846. R. IV, 169).

f) *Hôpitaux militaires.*

La loi ne leur accorde pas d'aumônier spécial protestant. Mais les pasteurs que le Consistoire aura désignés à cet effet, et dont l'autorisation aura été visée par le Directoire et par le préfet, pour l'Église de la Confession d'Augsbourg, sont admis dans les hôpitaux militaires, même en dehors des cas où un malade protestant invoquera leur secours spirituel. Le prosélytisme est interdit. Les heures des visites seront déterminées. Sur le registre des entrées seront désignés, à côté du nom de chaque malade, sa religion, la salle où il est placé et le numéro de son lit. On aura pour les pasteurs les plus grands égards, et on leur accordera, au besoin, la protection nécessaire pour assurer le libre exercice de leurs fonctions spirituelles (Circ. minist. du 12 déc. 1838. R. II, 29. Du 26 janv. 1839. R. II, 30. Du 9 nov. 1846. R. IV, 169. Du 20 nov. 1846. R. IV, 150).

g) *Aumôniers des prisons civiles et maisons de détention.*

La Confession d'Augsbourg a des aumôniers à Strasbourg, à Haguenau et à Ensisheim (R. X, 166).

A leur égard nous nous en référons au Code de l'aumônier des prisons par Moreau-Christophe. Paris 1845. (Comp. R. IV, 59-70).

Nous nous bornons à remarquer que tout condamné, à son entrée dans la maison centrale, est tenu de déclarer à quelle religion il appartient. Si le culte du condamné n'a pas de ministre dans la maison centrale, le détenu sera, aussitôt que possible, transféré dans l'une de celles où ce culte est exercé. Tout condamné est tenu d'assister aux exercices de son culte; il ne saurait prendre part aux exercices d'un culte qui n'est pas le sien. Toute communication est interdite entre les détenus et les ministres d'un culte qui n'est pas le leur. Toutefois le directeur pourra, sur la demande d'un détenu, et quand il aura acquis la conviction que cette demande est sérieuse, permettre la communication, sauf à rendre compte à ses supérieurs, de l'usage qu'il aura fait de cette faculté (Arr. minist. du 6 mai 1839).

104. *Toute vacance ou création de cure est annoncée par insertion au Recueil officiel des actes du Directoire, ou par tout autre moyen de publication que le Directoire juge nécessaire. Un délai est fixé pendant lequel les pasteurs et les candidats qui veulent se faire inscrire pour la cure vacante, s'adressent au président du Directoire, soit par écrit, soit verbalement* (Arr. minist. du 10 nov. 1852, 11).

Les paroisses pourront s'abonner au Recueil, aux frais des caisses d'aumônes ou de fabrique. Il semble naturel qu'elles s'abonnent toutes, sans exception.

105. *Les aspirants à la cure vacante ne sont pas admis à y prêcher pendant la vacance. D'un autre côté la paroisse, le Conseil presbytéral et le Consistoire doivent s'abstenir de chercher, par pétitionnement, délibération ou tout autre acte officiel, à attirer sur un candidat la préférence du Directoire* (Ib., 12).

Le motif evident de ces dispositions est la crainte de voir naître dans la cure de regrettables dissentiments.

La loi réserve l'initiative uniquement à l'autorité ecclésiastique supérieure, dans la supposition qu'elle est à même, mieux que qui que ce soit, de connaître les titres du candidat et d'apprécier les besoins de la paroisse. L'arrêté a pour but de garantir un droit dont le libre exercice serait entravé par tout acte officiel émanant des autres parties intéressées. On a cru que ces dernières seraient plus faciles à contenter en dehors de toutes démarches préliminaires; voilà pourquoi le pétitionnement est interdit.

« Il est dans la nature même des

104. *Le Consistoire choisira le pasteur à la pluralité des voix* (G. 26).

La majorité absolue est nécessaire (Circ. minist. du 18 janv. 1837).

En cas de partage des voix, celle du président est prépondérante (§. 91).

En tout cas le pasteur sera choisi sur la liste de présentation dressée par le conseil presbytéral.

105. *Le titre d'élection sera présenté par le Ministre des cultes à l'Empereur pour avoir son approbation* (G. 26).

Voir sur les pièces à joindre au procès-verbal d'élection les notes du §. 108, colonne à gauche; — sur l'entremise du préfet et la possibilité de non-confirmation, celle du §. 102, *b*, colonne à gauche; — sur l'inamovibilité des pasteurs, *ib.*, lettre *c*.

choses que ceux qui sont engagés à émettre un vœu, désirent que leur avis soit écouté; il était facile peut-être de les satisfaire quand on ne les provoquait pas à formuler un jugement; consultés, ils seront d'autant plus prompts à se montrer mécontents. Du reste, la seule consultation de la paroisse donne lieu à des dissensions regrettables» (Cunitz, Heydenreich et Reuss, *Conferenz-Archiv*, I, 400).

106. *Le Directoire prend l'avis de l'Inspecteur ecclésiastique sur l'état moral et religieux de la paroisse à pourvoir, et reste appréciateur de tous autres moyens subsidiaires, officiels ou non, de s'éclairer sur le choix à faire. Il procède à la nomination dans le mois qui suit l'expiration du délai fixé aux aspirants pour se présenter* (Ib., 13).

L'Inspecteur qui n'aura qu'un rapport à faire sur la paroisse et non pas à voter sur la nomination (§. 61), éclairera le Directoire sur la situation générale, sans aller jusqu'à la désignation d'un candidat préféré. L'arrêté juge le Directoire à même de s'entourer, après avis de l'Inspecteur, de tous les renseignements nécessaires.

L'obligation de nommer dans le délai d'un mois n'est pas d'une rigueur telle qu'elle ne puisse fléchir devant certaines éventualités (R. X, 61).

107. *Le Directoire évite, autant que possible, de réunir parmi les pasteurs d'un même Consistoire, des ascendants et des descendants, des frères ou des alliés au même degré* (Arrêté ministériel du 10 nov. 1852. 13).

108. *Il accompagne l'envoi de son arrêté de nomination au Ministre, d'un rapport dans lequel il expose les motifs de la préférence qu'il a donnée au pasteur nommé* (Ib.).

L'envoi de l'arrêté de nomination d'un pasteur déjà en fonctions promu à une autre cure, n'est accompagné d'aucune pièce autre que le rapport susdit.

L'envoi de l'arrêté de nomination d'un candidat en théologie à une place de pasteur, devra encore être accompagné de l'acte de naissance, du certi-

106. *Le pasteur ne pourra exercer qu'après approbation de son élection par le Gouvernement* (Ib.).

L'autorisation de fonctionner datera du jour de la réception de la confirmation par le Gouvernement.

L'installation aura lieu par le président du Consistoire ou un pasteur qu'il aura délégué à cet effet.

Voir sur le transport des meubles lors de l'installation les notes ajoutées au §. 108, colonne à gauche.

ficat d'études délivré par le doyen de la faculté de théologie, du diplôme de bachelier en théologie et du certificat d'ordination.

Le transport des meubles lors de l'*installation* ne sera point mis, par le pasteur, à la charge de la caisse de fabrique ou d'aumônes (R. II, 164); l'allocation, sur ces caisses, d'une indemnité de déplacement ne sera autorisée par le Directoire que dans des cas exceptionnels (R. III. 120).

Sauf exception, le pasteur s'astreindra à la *desserte* de sa cure pendant au moins *trois ans* (R. I, 172).

109. *Le Directoire autorise ou ordonne, avec l'agrément du Gouvernement, le passage d'un pasteur d'une cure à une autre* (D. 11).

Cette disposition a pour but de donner à l'autorité supérieure les moyens de mettre un terme à des conflits déplorables, de remédier à la situation pénible d'une paroisse où un grave dissentiment, une imprudence ou une erreur passagère, des défiances plus ou moins justifiées ont entravé d'une manière notable l'action spirituelle du pasteur. Le législateur ne se règle point sur les convenances privées; il a en vue les intérêts généraux en souffrance, et se propose de protéger la dignité même du pastorat.

Le droit conféré au Directoire s'exerce sous le contrôle du Gouvernement. Il pourrait y avoir recours au Conseil d'État.

Du reste, si le Directoire peut ordonner la permutation pour mettre fin à une situation fâcheuse qui toutefois n'est pas de nature à être tranchée par une révocation, il se peut aussi qu'il soit simplement appelé à l'*autoriser* lorsqu'elle est à la convenance des deux pasteurs et le résultat d'un consentement donné. La permutation n'est donc pas toujours à considérer comme une mesure d'ordre public; bien au contraire, elle peut se présenter avec le caractère de l'exercice du droit, désormais acquis aux pasteurs, d'obtenir le passage d'une cure à une autre (R. XI, 10).

b) **Discipline ecclésiastique.**

110. *En matière disciplinaire le Directoire peut être saisi : 1.° par la notoriété publique ; 2.° par la plainte de la partie lésée ; 3.° par une délibération du Consistoire ou du Conseil presbytéral ; 4.° par un rapport de l'inspecteur ecclésiastique ou d'un inspecteur laïque ; 5.° par une communication du Gouvernement* (Arr. minist. du 10 nov. 1852 19).

Les lettres anonymes exposent les dénonciateurs à des poursuites correctionnelles (C. P. 367-374).

110. *Toutes difficultés entre les pasteurs et les conseils presbytéraux sont soumises au Consistoire* (Arr. minist. du 20 mai 1853. 2).

111. *Sauf le cas d'urgence dont il sera parlé ci-après, le Directoire charge l'Inspecteur ecclésiastique de recueillir des renseignements et de lui faire un rapport dans le plus bref délai. Sur le vu de ce rapport, le Directoire décide s'il y a lieu ou non de donner suite à l'action disciplinaire. Dans le premier cas il commet l'Inspecteur ecclésiastique pour procéder à l'enquête, assisté soit des inspecteurs laïques, soit de l'un d'eux seulement, soit de tel délégué qu'il jugerait à propos d'adjoindre à l'inspecteur. L'enquête sera faite sur les lieux et consignée au procès-verbal ouvert par l'inspecteur et qui devra être signé par les commissaires et les témoins* (Arr. min. du 10 nov. 1852. 20).

L'inspecteur laïque peut également (§. 69) être chargé de ces enquêtes.

111. *Les pasteurs ne pourront être destitués qu'à la charge de présenter les motifs de la destitution au Gouvernement, qui les approuvera ou les rejettera* (G. 25).

Pour autorité publique illégalement prolongée, on encourt l'amende et l'emprisonnement (C. P., 197).

112. *L'inspecteur transmet immédiatement le procès-verbal au Directoire, avec telles observations et conclusions qu'il croit devoir présenter. Le Directoire mande devant lui l'inculpé, l'entend dans ses moyens de défense, lui adresse telles questions qu'il juge convenable, et dresse du tout un procès-verbal qui est signé par l'inculpé, ou qui mentionne son refus de signer* (Arr. minist. du 10 nov. 1852. 21).

113. *L'inculpé, indépendamment de ses explications verbales devant le*

Directoire, est admis à présenter un mémoire justificatif dans la quinzaine qui suivra sa comparution. Ce délai expiré, le Directoire statue (Ib., 22).

Le Ministre a voulu concilier et les droits de la poursuite et les garanties que doit rencontrer dans tout tribunal celui qui est obligé d'y comparaître.

114. *Dans tous les cas d'urgence, le Directoire est autorisé à mander immédiatement devant lui l'inculpé, et, après l'avoir entendu, à le suspendre provisoirement de ses fonctions pastorales, sauf, s'il y a lieu, à procéder par lui-même ou par les intermédiaires ordinaires à l'enquête mentionnée cidessus* (Ib., 23).

115. *Le Directoire prononce contre les pasteurs les peines suivantes :* 1.° *la réprimande simple;* 2.° *la réprimande avec censure;* 3.° *la suspension temporaire avec ou sans traitement; dans ce dernier cas la privation du traitement doit être approuvée par le Gouvernement, et le pasteur suspendu est tenu de verser le traitement dont il est privé entre les mains du vicaire que le Directoire lui a donné d'office;* 4.° *l'incapacité d'être jamais appelé aux fonctions de président de Consistoire et d'Inspecteur ecclésiastique;* 5.° *la destitution. Toutefois le Directoire ne peut prendre un arrêté de destitution qu'après y avoir été autorisé par le Gouvernement, sur le vu du dossier. Le pasteur destitué est rayé de la liste des pasteurs de la Confession d'Augsbourg* (Ib. 24. G. 25).

Pour le cas de fonctions publiques illégalement continuées, voir §. 111, colonne à droite.

116. *En cas de démission d'un pasteur pendant le cours des poursuites disciplinaires, le Directoire apprécie s'il y a lieu ou non de prononcer sa radiation* (Arr. minist. du 10 nov. 1852. 25).

117. *Les mesures disciplinaires qui précèdent sont applicables à tout ecclésiastique en fonctions. Les candidats au ministère ecclésiastique peu-*

vent être frappés de l'une des deux premières peines, et rayés de la liste des candidats (Ib. 26.

118. *Indépendamment des prescriptions susdites, le Consistoire supérieur et le Directoire prennent, dans la limite de leurs attributions, les dispositions qu'ils jugent nécessaires* (Ib. 27).

TITRE VI.

De la paroisse et du Conseil presbytéral.

---

a) **La paroisse comme base du Conseil presbytéral.**

119. *Chaque paroisse ou section d'église consistoriale a un Conseil presbytéral. Il y a paroisse partout où l'État rétribue un ou plusieurs pasteurs* (D. 1).

Les consistoires sont divisés en autant de paroisses légales ayant un Conseil presbytéral, qu'il y a de sections desservies par un ou plusieurs pasteurs rétribués par l'État.

Les paroisses ayant plusieurs pasteurs ne seraient subdivisées qu'autant que la nécessité en serait démontrée (Circ. min. du 14 avril 1852; R. IX, 179).

Des 218 paroisses de la Confession d'Augsbourg desservies par 251 pasteurs (§. 20), il en est près de cent qui sont à *annexe*. Parmi les 441 paroisses réformées desservies par 518 pasteurs (*ib.*), le plus grand nombre est pourvu d'annexes.

Les annexes ou sections de paroisse où se célèbre le culte, devront être représentées aussi équitablement que possible dans le Conseil presbytéral (Circ. min. du 14 sept. 1852; R. X, 22).

Il y aura un seul Conseil presbytéral par paroisse, quel que soit le nombre des annexes. Mais les annexes devront être représentées en conformité du principe de la corrélation progressive du nombre des membres avec la population de la paroisse (R. X, 18).

Les paroisses sectionnaires pourvues d'un pasteur auxiliaire rétribué au moyen d'une subvention particulière et d'un secours de l'État, en attendant l'institution d'une paroisse officielle, seront assimilées aux autres sections, et auront un Conseil presbytéral (Circ. min. du 10 nov. 1852, 3; R. X, 44).

Par cette reconnaissance officielle de nos Conseils presbytéraux, le Décret a voulu asseoir notre édifice ecclésiastique sur la base solide de la paroisse, trait qui caractérise tous les cultes issus de la réformation.

b) Composition du Conseil presbytéral.

120. *Le Conseil presbytéral sera composé de quatre membres laïques au moins, de sept au plus* (D. 1).

Le concours des laïques et des ecclésiastiques à l'administration ainsi qu'à la direction de l'église, est encore l'un des points saillants et caractéristiques du Protestantisme. Aussi la représentation des laïques est-elle largement garantie par le Décret tant à la base qu'au sommet de l'échelle hiérarchique de nos institutions.

Disons un mot de ce terme de *laïque* que la loi et les règlements ne définissent pas. Ceux qui font dépendre la qualité ecclésiastique de l'exercice même des fonctions pastorales ou théologiques, voient un laïque dans le ministre même de l'Évangile quand il n'est pas revêtu du titre de pasteur ou de professeur en théologie. D'autres, qui regardent la consécration au Saint Ministère comme établissant le caractère distinctif de l'ecclésiastique, ne reconnaissent de laïque que là où l'ordination n'a point été solennellement conférée. Cette dernière interprétation semble la plus convenable en elle-même, et la seule susceptible de cadrer avec les principes d'après lesquels nos établissements théologiques sont considérés comme des écoles ecclésiastiques, et les élèves en théologie exemptés du service militaire. Le Consistoire supérieur semble, il est vrai, être d'un avis différent : La consécration, dit-on, ne fait pas loi. Mais s'il est possible de renoncer aux droits que confère l'imposition des mains, il conviendrait encore de dire à quoi se reconnaît une renonciation qui ne se fait jamais d'une manière explicite, ni absolue. A cet égard une réponse nette n'est guère possible. Aussi l'on a dû décider que toutes les difficultés qui se présenteraient seraient examinées au point de vue de la position personnelle, et que leur solution serait abandonnée au Directoire. Il importerait comme on l'a parfaitement bien dit (R. XI, 98), de formuler un principe qui empêchât d'être, au gré de son caprice, à la fois ecclésiastique et laïque, au lieu d'être l'un ou l'autre. Il nous semble que la définition proposée ci-dessus est celle qui lève le mieux la difficulté.

121. *Les Conseils presbytéraux seront composés ainsi qu'il suit : Dans les églises de la Confession d'Augsbourg il y aura quatre membres laïques pour les paroisses au-dessous de 800 âmes ; cinq de 800 à 1500 âmes ; six de 1500 à 2000 âmes ; sept pour les paroisses de 2000 âmes et au-dessus. Dans les églises réformées, il y aura cinq membres laïques pour les paroisses n'ayant qu'un pasteur ; six, pour deux pasteurs ; sept, pour trois pasteurs et au-dessus ; néanmoins il n'y aura que quatre membres laïques dans les communes n'ayant que quatre cents âmes de population totale* (Arr. min. du 10 sept. 1852, 1).

C'est-à-dire, quatre cents âmes de population protestante.

122. *Les ascendants et descendants, les frères et alliés au même degré ne peuvent être membres du même conseil presbytéral. Des dispenses pourront être accordées par le ministre des cultes, sur l'avis du Directoire, dans les paroisses ayant moins de soixante électeurs paroissiaux (Ib. 4).*

Dans une paroisse qui ne saurait invoquer l'exception, le membre qui a réuni le plus de voix est déclaré élu (§. 160). Une autre incompatibilité est celle qui exclut du Conseil presbytéral tous les employés subalternes de l'église, à raison de la surveillance qu'exercent sur eux les pasteurs et les consistoires. Les instituteurs aussi ne sont pas admis (R. XI, 12) en raison de la dépendance où ils sont de l'église.

123. *Les pasteurs auxiliaires et suffragants à divers titres, les aumôniers des lycées ou colléges, des hospices et prisons, peuvent être admis, sur l'autorisation du ministre, à siéger dans le Conseil presbytéral duquel ils relèvent, avec voix consultative* (Arr. min. du 10 sept. 1852, 5).

124. *Les églises consistoriales composées d'une seule paroisse et qui par conséquent n'ont pas de sections, n'auront point un Conseil presbytéral distinct du conseil consistorial ; dans ces églises une seule assemblée ayant un nombre de membres double de celui des Conseils presbytéraux, doit faire fonctions des deux corps dont elle réunira les attributions* (Circ. min. du 10 nov. 1852, 2).[1]

Ce sera un pur Consistoire. Le pasteur le plus ancien de la

1. Voir la note du §. 80.

paroisse ne sera pas de droit président de l'assemblée, comme dans les Conseils presbytéraux en général. Appliquant la règle du corps supérieur, on procédera par voie d'élection pour nommer le président, comme dans les réunions consistoriales.

c) **Nomination et renouvellement.**

125. *Les Conseils presbytéraux sont élus par le suffrage paroissial* (D. 1).

126. *Ils sont nommés par les électeurs inscrits au registre paroissial* (Arr. min. du 10 sept. 1852, 9).

La nomination se fera selon les règles rapportées au titre 7.

L'installation des Conseils presbytéraux aura lieu à l'issue de l'office divin par le président du Consistoire ou par un pasteur qu'il aura délégué (Circ. min. du 14 sept. 1852; R. X, 24). Il semble que ce sera naturellement celui de la paroisse. Voir l'Agende R. XII, 109.

Dans la Confession d'Augsbourg l'inspecteur ecclésiastique pourra, s'il le juge convenable, procéder à cette installation (*Ib.*).

127. *Pour être membre d'un Conseil presbytéral il faut être électeur* (Arr. min. du 10 sept. 1852, 9).

128. *Les Conseils presbytéraux sont renouvelés par moitié tous les trois ans* (D. 1).

129. *Leur renouvellement dans les paroisses où le nombre des anciens est impair, porte alternativement sur la plus forte et la plus faible moitié, en commençant par la plus forte* (Arr. min. du 10 sept. 1852. 20).

L'installation des membres élus par suite de ce renouvellement aura lieu comme il a été dit ci-dessus (§. 126).

130. *Les membres sortants des Conseils presbytéraux peuvent toujours être réélus* (Arr. min. du 10 sept. 1852, 21).

131. *Si une ou plusieurs places d'anciens deviennent vacantes au Conseil presbytéral, le Consistoire décide, sauf approbation du Directoire dans la Confession d'Augsbourg, s'il y a lieu de faire procéder à une élection partielle* (Ib. 22).

132. *L'élection ne peut être ajournée, si le Conseil presbytéral a perdu le tiers de ses membres* (Ib. 22).

133. *Lors du premier renouvellement triennal des Conseils presbytéraux, le sort désignera les membres sortants* (Ib. 26).

d) **Présidence.**

134. *Le Conseil presbytéral sera présidé par le pasteur ou par l'un des pasteurs de la paroisse* (D. 1).

135. *S'il y a plusieurs pasteurs dans la paroisse, le pasteur le plus ancien présidera le Conseil presbytéral* (Arr. min. du 10 sept. 1852, 6).

C'est-à-dire, que ce sera le pasteur le plus anciennement en fonctions dans la paroisse qui présidera.

136. *En cas d'empêchement temporaire des pasteurs, le plus âgé des anciens remplit provisoirement les fonctions de président.*

Dans les églises de la Confession d'Augsbourg le Directoire peut, sur la demande du Conseil presbytéral, nommer le président.

Le président du Directoire, ou un membre délégué à cet effet, et l'inspecteur ecclésiastique peuvent, dans ces mêmes églises, présider les séances des Conseils presbytéraux (Ib. 6).

1er alinéa. C'est là une disposition à laquelle on pourra recourir surtout dans le cas d'une vacance de cure.

2e alinéa. L'autorité directoriale pense qu'il n'y aura jamais lieu de réclamer du Directoire la nomination du président du Conseil presbytéral, vu que ce président est tout désigné dans la personne du pasteur (le plus ancien) (R. X, 21).

3e alinéa. Dans les occasions rares où l'une des autorités susdites présidera le Conseil pour y ramener l'ordre, par exemple, ou pour contribuer à la solution d'une question spécialement difficile, la présidence de ce membre n'aura lieu qu'avec voix consultative (R. X, 21).

137. *Un des membres laïques est chargé des fonctions de secrétaire* (Arr. min. du 10 sept. 1852, 6 et 14; Arr. min. du 20 mai 1853, 3).

Le secrétaire du Conseil presbytéral est élu à la majorité absolue des suffrages (Arr. min. du 20 mai 1853, 3).

On procédera lors de chaque renouvellement du Conseil, à une nouvelle nomination de secrétaire (Comp. §. 88).

138. *Le secrétaire du Conseil presbytéral rédige les procès-*

verbaux des séances du Conseil (Arr. min. du 20 mai 1853, 4; comp. Arr. min. du 10 sept. 1852, 8).

139. *Il est chargé de la tenue des registres, de la garde et de la conservation des archives. Il signe avec le président tous les actes qui émanent du Conseil* (Arr. min. du 10 sept. 1852, 8, et du 20 mai 1853, 4).

Les *archives* du Conseil presbytéral ont leur siége au temple du chef-lieu de la paroisse (Circ. min. du 14 sept. 1852. R. X, 23). Le secrétaire aura soin d'en dresser un inventaire exact (R. I., 219. VIII, 20).

La garde des archives, attribuée aux secrétaires, pourra continuer à être confiée aux pasteurs présidents des Conseils presbytéraux, d'autant plus que les archives ne doivent point quitter les chefs-lieux, afin d'être toujours à la disposition des pasteurs. Les secrétaires et les présidents veilleront donc conjointement à la tenue et à la conservation de ces documents (Circ. min. du 26 mai 1853).

A chaque mutation, le pasteur nouvellement installé se fera remettre par qui de droit les archives de la paroisse, les vérifiera d'après l'inventaire qui doit en exister, et en donnera récépissé à son prédécesseur ou à ses représentants (R. IV, 199, 200).

La peine qui frappe la soustraction d'actes ou de titres est aggravée dans le cas où c'est un fonctionnaire public qui se serait rendu coupable de cette soustraction par rapport à des titres ou actes dont, en sa qualité, il était dépositaire (C. P. 173).

c) **Séances.**

140. *Les Conseils presbytéraux sont convoqués par leurs présidents au chef-lieu de leurs circonscriptions respectives, en séances ordinaires, au moins une fois par trimestre* (Arr. min. du 10 sept. 1852, 7).

Ils auront, autant que possible, leurs siéges aux points les plus importants de chaque section, là où résident les pasteurs (Circ. min. du 14 avril 1852. R. IX, 178).

141. *Ils peuvent être convoqués extraordinairement, suivant les besoins du service et sur la demande motivée de deux membres* (Arr. min. du 10 sept. 1852, 7).

Sont donc ordinaires les séances régulières provoquées par le président seul; extraordinaires celles qui sont motivées, dans des circonstances exceptionnelles, par la demande de quelques membres.

142. *Tout ancien qui, sans motifs agréés, aura manqué à trois séances consécutives, sera réputé démissionnaire* (Ib.).

Il est du devoir du Conseil de provoquer son remplacement.

143. *Les Conseils presbytéraux ne peuvent délibérer que lorsque la moitié au moins de leurs membres assistent à la séance* (Même arr. 8).

En cas de partage des voix, celle du président sera prépondérante dans les églises réformées (Arr. min. du 20 mai 1853). Si elle ne l'est pas dans la Confession d'Augsbourg, au Consistoire (§. 91), elle ne le sera pas non plus au Conseil presbytéral.

144. *Les membres présents signent au registre des délibérations, et leurs noms sont rapportés en tête des extraits du procès-verbal, lesquels sont signés par le président et le secrétaire* (Arr. min. du 10 sept. 1852, 8, et du 20 mai 1853. 4).

Cette disposition s'applique aux Conseils presbytéraux de la Confession d'Augsbourg (R. X, 180) tout aussi bien qu'à ceux des églises réformées.

f) **Attributions.**

145. *Les Conseils presbytéraux administrent les paroisses sous l'autorité des Consistoires* (D. 1).

Les paragraphes suivants, comparés avec ce qui a été dit plus haut sur les attributions consistoriales, établissent et la part des Conseils presbytéraux, et celle des Consistoires. L'administration laissée aux premiers n'est pas entière; elle n'a qu'une initiative pour l'emploi des capitaux; le Consistoire examine et vise chaque acte de cette administration. De plus, c'est au Consistoire qu'est réservée, à l'exclusion des Conseils presbytéraux, l'administration des biens et revenus des églises qui possèdent par indivision. Ainsi les attributions respectives des deux corps sont nettement déterminées (R. X, 59).

Les Conseils presbytéraux n'ont pas qualité pour correspondre entre eux, ou avec le Directoire, sans l'intermédiaire des Consistoires.

146. *Le Conseil presbytéral maintient l'ordre et la discipline* *dans tout le ressort paroissial. Il nomme les employés subalternes des églises* (Arr. min. du 10 nov. 1852, 1, et du 20 mai 1853, 1).

Dans l'Église réformée il nomme également, sous réserve de l'approbation du Consistoire, les pasteurs auxiliaires, et agrée, sous la même réserve, les suffragants proposés par les pasteurs (Arr. min. du 20 mai 1853, 1).

C'est à lui de ne pas laisser disparaître les dernières traces de la *discipline ecclésiastique* proprement dite, appliquée aux fidèles, là où ces traces ne sont pas encore entièrement effacées. Il aura soin de pourvoir à ce qui, sous ce rapport, pourra sembler désirable et susceptible d'être mis à exécution.

Dans les églises réformées il pourra maintenir et appuyer en particulier l'heureuse institution du *diaconat* commis au soin des pauvres; il trouvera dans les diacres un puissant soutien par le concours officieux qu'ils prêteront à son activité. « Le Gouvernement n'a point réglé la nomination des employés et le choix des personnes préposées plus spécialement au soin des pauvres, afin de ne point compliquer les règlements » (Circ. min. du 26 mai 1853.) L'on suivra à cet égard les errements prescrits par l'ancienne discipline (Chap. 3 et 4).

Le Conseil presbytéral nommera aux fonctions de *chantre, d'organiste* et de *sacristain*, en spécifiant le traitement dont ces employés devront jouir, et qui leur sera servi par la fabrique (D. du 30 déc. 1809, 37) et à son défaut par la caisse des aumônes (§. 151). Les Consistoires approuveront le choix, s'il y a lieu (R. I, 197).

Si des biens-fonds, des intérêts de capitaux ou des rentes foncières sont affectés à ces traitements, le nouveau titulaire signera une déclaration détaillée en triple expédition, portant qu'il a été mis en jouissance des biens ou revenus dont il s'agit (R. I, 197. II, 141).

On dressera un état détaillé particulièrement des *biens de sacristain*, là où il en existe, et l'on prendra les mesures nécessaires pour la conservation de ces biens (R. II, 75). A chaque mutation, le sacristain sera tenu de signer une déclaration conforme à la susdite (R. II, 141).

Une subvention supplémentaire à prélever sur le produit des aumônes pourra être accordée au sacristain (R. II, 177).

Tous ces employés subalternes de l'église seront nommés par le

Conseil presbytéral en dehors de son sein, parce qu'ils doivent être contrôlés par ce Conseil.

Les trois charges pourront être cumulées.

Pour le second alinéa du paragraphe voir §. 102 colonne à droite, lettres *b* et *c*.

147. *Il nomme à la majorité absolue, un receveur ou trésorier presbytéral lequel sera chargé du recouvrement des deniers de l'église, et du paiement de toutes les dépenses régulièrement autorisées* (Arr. min. du 20 mai 1853, 3 et 4).

Dans l'Église de la Confession d'Augsbourg le Conseil presbytéral nommera *dans son sein ou hors de son sein*, sous l'approbation des autorités supérieures, *le receveur des aumônes* chargé spécialement du service de cette caisse (R. X, 83). Dans les paroisses où réside le receveur consistorial (§. 99), ce sera lui qui sera en même temps chargé du compte des aumônes (R. X, 83).

Dans les églises réformées le Conseil presbytéral nommera son *trésorier parmi ses membres même* (Arr. min. du 20 mai 1853, 3). Il a déjà été dit (§. 99) que le trésorier presbytéral de la paroisse chef-lieu du Consistoire pourra exercer en même temps les fonctions de trésorier consistorial.

Le trésorier presbytéral réformé sera réélu à chaque renouvellement du Conseil (Comp. §. 99).

Voir pour les précautions dont il sera convenable d'entourer le choix du receveur ou trésorier, ainsi que pour ce qui concerne les questions d'hypothèque légale et de cautionnement, le même §. 99.

Les fonctions de receveur d'aumônes sont gratuites.

148. *Il veille à l'entretien et à la conservation des édifices religieux* (Arr. min. du 10 nov. 1852, 1 et du 20 mai 1853, 1).

Les édifices religieux sont les temples et les presbytères.

a) *Propriété.*

En général les temples et les presbytères sont la propriété des communes (Avis divers du Conseil d'État et du comité de législation, dont quelques-uns approuvés et ayant force de loi, cités par Vuillefroy), c'est-à-dire, des communes civiles et non de la paroisse. Cependant dans plusieurs localités ces édifices sont la propriété de la fabrique, ou de la communauté religieuse locale.

b) *Surveillance.*

La surveillance des édifices religieux sera exercée par le Conseil presbytéral de concert avec les autorités municipales (Circ. min. du 27 avril 1839).

c) *Constructions, réparations, entretien.*

Les frais de construction, de réparation et d'entretien des édifices religieux sont à la charge de la fabrique (D. du 30 déc. 1809, 37. R. VIII, 14). Lorsque la nécessité de venir au secours de la fabrique sera démontrée, et de même dans les localités où aucune fabrique n'existe, ces frais sont à la charge de la commune (*ib.* 92. R. VIII, 15. D. du 5 mai 1806. R. II, 58. Loi du 18 juill. 1837, 30. R. II, 88). Alors la fabrique, s'il y en a une, est dans l'obligation de communiquer au conseil municipal toutes les pièces à l'appui de sa demande en subvention (D. du 30 déc. 1809, 93; R. VIII, 15; Loi du 18 juill. 1837, 30; R. II, 88). En cas de refus non fondé de la part du Conseil municipal, l'allocation pourra être inscrite au budget par un Décret impérial ou par un arrêté du préfet, suivant l'importance des revenus de la commune (Loi du 18 juill. 1837, 39; Circ. min. du 28 janv. 1839; R. I, 70). S'il y a plusieurs communes dont les habitants ressortissent au bâtiment religieux dont il s'agit, on s'adressera à ces divers conseils municipaux (Même circ. min. R. I, 71).

Les petites réparations peuvent être ordonnées *par économie*, c'est-à-dire, sans adjudication, en payant directement les ouvriers et les matériaux; pour les réparations de quelque importance, il sera nécessaire de procéder à *l'adjudication* qui peut avoir lieu au rabais ou par soumission.

Aucune nouvelle construction n'aura lieu sans l'autorisation de l'autorité compétente, même s'il y était pourvu entièrement par les fidèles ou la fabrique (*ib.*).

d) *Secours du Gouvernement.*

Si les fonds communaux sont insuffisants, on pourra solliciter les secours du Gouvernement, qui viendra en aide aux communes dans la proportion des crédits ouverts au budget des cultes protestants (*ib.* comp. R. II, 160. IV, 51. VIII, 13). Dans ce cas les pièces à produire sont : les plans et devis des travaux projetés; le budget de la commune et de la fabrique; les délibérations du Conseil municipal et du Conseil presbytéral, contenant l'engagement de concourir pour la somme de ..., ou constatant l'impossibilité pour la commune ou la fabrique d'y participer; la liste des souscriptions particulières, s'il y en a; les avis des autorités ecclésiastiques, du sous-préfet et du préfet.

La somme de 84,000 fr. est émargée au budget de 1854 comme secours pour contribuer aux travaux des édifices des cultes protestants.

e) *Réparations locatives du presbytère et décomptes à ce sujet.*

Quant au presbytère en particulier, le pasteur qui n'en a que l'usage personnel et non l'usufruit (Décis. min. du 8 avril 1808), n'est tenu qu'aux réparations locatives. A moins d'acte dressé pour constater le contraire, il est censé l'avoir reçu en bon état des réparations susdites. Il a le droit d'exiger qu'il le reçoive tel, devant le rendre de même à son successeur (C. N. 1731. Décis. min. du 29 mars 1813, des 23 et 24 janv. 1814. D. du 6 nov. 1813, 21). Y a-t-il lieu d'accorder pour les améliorations faites une indemnité par décompte établi entre le pasteur sortant et le nouveau pasteur (R. III, 109)? La réponse semble devoir être négative : Toute espèce de transaction au sujet et à propos de la nomination, en faveur du pasteur promu à une autre cure ou de la veuve du pasteur défunt, au détriment du pasteur qui succède, est interdite; la nomination doit rester libre de tout engagement (Circ. min. du 21 déc. 1839. R. I, 183). Le Consistoire ne peut stipuler une retenue à faire au profit du pasteur sortant ou de sa veuve, sur le traitement de son successeur (R. II, 164).

Ce que nous venons de dire du presbytère, s'applique sans doute également au *jardin* qui d'ordinaire y est annexé, et dont le pasteur a l'usufruit; les améliorations qui pourraient y avoir été faites, ne sauraient donner lieu à aucune indemnité. A plus forte raison le pasteur n'a pas le droit d'enlever à son départ les plantations qu'il a faites. Bien au contraire, en remplaçant les arbres qui périssaient, il n'aura rempli que son devoir d'usufruitier (C. N. 594), et les embellissements prouveront qu'il aura vraiment joui en bon père de famille (C. N. 601; comp. §. 149, *g*.), des biens qui lui étaient confiés. Les caisses de fabrique ou d'aumônes pourront, du reste, fournir aux dépenses extraordinaires qu'elles jugeront admissibles, sous réserve de l'approbation du Directoire dans les églises de la Confession d'Augsbourg.

f) *Contributions.*

Le temple est exempt de toute contribution (Loi du 23 nov. 1798, 105; Loi du 24 nov. 1798, 5).

Le presbytère est exempt de la contribution foncière, comme bâtiment affecté à un service public (Loi du 3 frim. VII, 105; Ordonn. contentieuses citées par Vuillefroy). Il est également exempt de la taxe de mainmorte.

Les contributions des portes et fenêtres du presbytère sont à la charge du pasteur (Loi du 21 avril 1832, 15; Avis du comité de l'intérieur du Conseil d'État; R. II, 134). Toutefois l'allocation de cette dépense dans les comptes de fabrique (R. II, 134) ou même d'aumône (R. III, 119) est autorisée là où les ressources le permettent.

g) *Assurance contre l'incendie.*

Les bâtiments religieux ne doivent être assurés contre l'incendie que par des sociétés à primes fixes, et non par des sociétés d'assurance mutuelle (R. II, 35), attendu que les établissements ecclésiastiques doivent être administrés comme les biens des mineurs, et, par suite, s'interdire de contracter des obligations que la loi frapperait de nullité.

h) *Monuments historiques.*

Le Conseil presbytéral veillera à la conservation des monuments historiques et des différents objets d'arts que renferme l'église; le pasteur procédéra à la rédaction d'un inventaire exact de ces objets (R. I, 219).

i) *Mobilier des églises et des presbytères.*

Le pasteur fera également l'inventaire du mobilier et de tous les objets de valeur qui sont la propriété de l'église (R. IV, 196, VIII, 20). Il est convenable encore qu'il fasse celui des objets mobiliers appartenant au presbytère.

149. *Il veille à la conservation des biens curiaux* (Arr. min. du 10 nov. 1852, 1, et du 20 mai 1853, 1).

a) *Administration et conservation.*

L'administration des biens curiaux revient au pasteur; le soin de veiller à leur conservation est confié au Conseil presbytéral tout entier et au Consistoire (§. 95; R. II, 23, 77).

C'est au Conseil presbytéral de connaître de ces biens et de tout ce qui s'y rattache. Le pasteur en dressera l'état, en triple expédition, lors de son entrée en fonctions, et le transmettra aux autorités ecclésiastiques supérieures (C. N. 600; R. II, 23, 77, 112), après l'avoir fait certifier véritable par le maire de la commune (Arr. min. du 8 janv. 1833; R. I, 91). Lors d'une mutation, le Conseil presbytéral tiendra à ce que le pasteur qui quitte la paroisse, ou ses héritiers soient mis en demeure de mettre, le cas échéant, les biens curiaux dans l'état où ils doivent les rendre (D. du 6 nov. 1813, 21). Ce devoir incombe également au nouveau titulaire (*ib.* 22). Les autorités ecclésiastiques supérieures y veilleront (*Ib.* 23; R. II, 23, 75, 77, 141).

Sont défendus aux titulaires des biens curiaux et déclarés nuls toutes aliénations, échanges, stipulations d'hypothèques, concessions de servitude, et en général toutes dispositions, opérant un changement dans la nature des biens curiaux, ou une diminution dans leurs produits, à moins que ces actes ne soient autorisés par le Gouvernement en la forme accoutumée (D. du 6 nov. 1813, 8).

b) *Usufruit.*

Le pasteur est l'usufrutier des biens curiaux (*ib.* 6); il a donc le droit d'en jouir, mais à charge d'en conserver la substance (C. N. 578). Les produits spontanés des terres, les productions obtenues par la culture, les loyers des maisons, les intérêts des sommes exigibles, les arrérages des rentes et les prix des baux à ferme lui reviennent (*Ib.* 583. 584, et en général 578 — 599). Les forêts qui feraient partie des biens curiaux sont soumises aux règles spéciales établies par le Code forestier (Art. 99 — 112).

c) *Entretien des biens curiaux.*

Par contre le pasteur a, comme usufrutier, certaines obligations. Il est tenu aux réparations d'entretien (C. N. 605, 606; D. du 6 nov. 1813, 13); les frais des arbres à remplacer sont à sa charge (C. N. 594; R. II, 164). Il n'est point tenu aux grosses réparations, comme gros murs ou clôtures, des terres ou des maisons autres que le presbytère, dont il pourrait avoir l'usufruit, à moins qu'elles n'aient été occasionnées par le défaut de réparations d'entretien (C. N. 605, 606); mais il est obligé de transmettre à son successeur les biens de la cure dans un état convenable (D. du 6 nov. 1813, 12, et en général C. N. 600 — 616).

d) *Baux.*

Les baux des biens curiaux devront être faits par écrit; ils ne pourront excéder la durée de neuf ans (D. du 6 nov. 1813, 9; R. II, 23). Les poursuites, à fin de recouvrement de revenus, seront faites par les titulaires à leurs frais et risques. Ils ne pourront néanmoins soit plaider, soit se désister lorsqu'il s'agira des droits fonciers de la cure, sans l'autorisation du Conseil de préfecture auquel sera transmis l'avis du Consistoire. Les frais des *procès* seront à la charge des pasteurs (même D. 14 et 15). A chaque expiration de bail une copie sur papier libre du nouveau bail sera transmise aux autorités ecclésiastiques supérieures (R. II, 77, 112).

e) *Contributions.*

Les contributions foncières des biens curiaux sont à la charge du pasteur (D. du 6 nov. 1813, 6; C. N. 608, comp. 605 et 635; loi du 26 mars 1831; R. II, 132. III, 120). La taxe annuelle représentative des droits de transmission entre vifs et par décès, imposée à tous les biens de mainmorte, n'est à la charge du pasteur que dans les cas où la fabrique ne pourra pas la supporter (R. VI, 134). Si les biens curiaux sont loués à des tiers, ces contributions pourront être mises à leur charge (R. II, 132).

f) *Acquisitions.*

L'acquisition de nouveaux biens curiaux, se ferait, le cas échéant, au nom de la paroisse particulière, avec mention de la destination spéciale à laquelle les biens sont affectés, d'après les formalités reçues pour les biens de fabrique (§. 152), la paroisse particulière étant le vrai possesseur (§. 8).

g) *Décomptes.*

Un décompte peut-il être établi entre les pasteurs sortants et les nouveaux titulaires relativement à la jouissance des biens curiaux, et à propos des améliorations qui pourraient avoir été faites (R. III, 109)? Il semble que les circulaires ministérielles déjà citées (§. 148), d'accord avec la loi relative aux usufruits, résolvent négativement la question : L'usufruitier ne peut à la cessation de l'usufruit réclamer aucune indemnité pour les améliorations qu'il prétendrait avoir faites, encore que la valeur de la chose en fût augmentée (C. N. 599). Les fruits pendants par branches ou par racines au moment où l'usufruit est ouvert appartiennent à l'usufruitier (C. N. 585, D. du 6 nov. 1813, 24). Les caisses de fabrique ou d'aumônes pourront toutefois, dans les églises de la Confession d'Augsbourg sous réserve de l'approbation directoriale, se charger des dépenses extraordinaires dont la nécessité sera dûment constatée.

h) *Revenus pendant la vacance.*

Les revenus qui auront eu cours du jour de l'ouverture de la vacance jusqu'au jour de la nomination du nouveau titulaire, seront mis en réserve dans la caisse de la fabrique pour subvenir aux grosses réparations des bâtiments (D. du 6 nov. 1813, 24). C'est là du moins ce qui est prescrit pour le culte catholique.

i) *Dégradations commises par des tiers.*

La destruction ou dégradation des biens des fonctionnaires publics en haine contre eux et à raison de leurs fonctions, est punie du maximum de la peine établie par l'article du Code pénal auquel le cas se référera (C. P. 444—450).

150. *Il délibère sur l'acceptation des legs et donations faits à l'église ou aux églises composant la paroisse, et les accepte sous l'approbation de l'autorité supérieure* (Arr. min. du 10 nov. 1852, 2, et du 20 mai 1853, 1).

Ces *legs et donations* pourront être faits soit en faveur du culte (biens de fabrique), soit en faveur du pasteur (biens curiaux); dans les deux cas le Conseil presbytéral est appelé à délibérer. Ce sera toujours la paroisse qui possédera; c'est en son nom que les biens seront acquis avec mention de la destination spéciale à laquelle ils sont affectés. Quant aux biens destinés à l'entretien du culte, on pourra dire également qu'ils sont acquis par la fabrique (§. 8).

Lorsque les charges imposées sont supérieures à la valeur des objets donnés, le don ou le legs ne sera point accepté (Avis du comité de l'intérieur cité par Vuillefroy).

Les conditions auxquelles la donation ou le legs est soumis, si elles sont contraires aux lois du pays ou aux règlements relatifs à l'administration des établissements légataires (§. 9), n'annullent pas la disposition principale, mais sont réputées non écrites. (C. N. 900.) Toutefois la substitution, c'est-à-dire l'obligation imposée à un donataire de conserver les biens donnés pour les rendre à un tiers, annule la donation qui en est entachée (C. N. 896. Avis des comités réunis de législation et de l'intérieur cités par Vuillefroy).

Les héritiers connus du testateur doivent toujours être appelés à prendre connaissance du testament, donner leur consentement à son exécution, ou produire leurs moyens d'opposition (Ord. roy. du 14 janv. 1831 ; R. III, 65).

Si un usufruit est accordé à une église, il ne saurait durer au delà de trente ans (C. N. 619. Décis. min. du 12 juin 1823. Avis du Conseil d'État cité par Vuillefroy).

Pour obtenir l'autorisation nécessaire du *Gouvernement* (§. 9), il faudra produire : l'acte de donation régulier, c'est-à-dire notarié ou le testament; le certificat de vie du donateur, ou l'acte de décès du testateur; l'évaluation des objets donnés ou légués; des renseignements sur la position de fortune du donateur et de ses héritiers présomptifs, ou, s'il s'agit d'un legs, soit le consentement des héritiers, soit leurs motifs d'opposition; l'acceptation provisoire de l'établissement donataire ou légataire; la délibération du Conseil portant demande d'autorisation d'accepter; le budget, ou l'état de l'actif et du passif de l'établissement; l'avis de l'autorité ecclésiastique supérieure; l'avis du sous-préfet et du préfet (Ord. du 14 janv. 1831; R. III, 65. Circ. min. du 29 janv. 1831. Blanc, p. 13).

151. *Il administre les aumônes et quêtes de la paroisse* (Arr. min. du 10. nov. 1852, 3).

a) *Administration.*

Le Conseil presbytéral en la personne du pasteur, son président, aura la haute main et la surveillance constante de la caisse (R. III, 44), le receveur (§. 147) ne pouvant faire aucune dépense, avant qu'elle ne soit ordonnancée par le pasteur (R. III, 44. X, 83).

Il sera dressé un *budget* des aumônes, c'est-à-dire un état des recettes et des dépenses présumées pour l'exercice, afin de servir de base au compte que le gérant devra rendre à la fin de l'année. La révision en appartient au Consistoire (et au Directoire) (R. X, 83).

Les *comptes* rédigés en langue française (sur les imprimés dont le Directoire a ordonné l'édition), et d'après un exercice conforme à l'année civile, sont présentés par le receveur, revus par le Conseil presbytéral, et envoyés en triple expédition au Consistoire (qui après révision les transmet au Directoire). On y joindra toutes les pièces justificatives, ordonnancées et acquittées par qui de droit (R. I, 211. II, 6. III, 44. X, 83).

Dans la Confession d'Augsbourg les sommes restant disponibles sur les recettes seront remises au receveur consistorial. La somme à laquelle commencera, pour ce dernier, l'obligation de placer le reliquat des comptes d'aumônes, sera déterminée par le Conseil presbytéral (R. X, 83).

b) *Recettes et dépenses.*

La caisse des aumônes s'alimente des aumônes proprement dites et des quêtes ordinaires ou extraordinaires, du produit de la location de quelques siéges à l'église dans certaines localités (R. I, 212. D. du 30 déc. 1809), de la rente des biens donnés à l'église, et des fondations faites en vue de cette destination spéciale, des intérêts des capitaux placés au nom de la caisse des aumônes.

La principale dépense de la caisse des aumônes (là où il n'y a pas de fabrique susceptible de la supporter) est occasionnée par les *frais de culte* tels que dépenses pour mobilier des églises, achat de nappes de chaire ou d'autel, acquisition de vases sacrés, frais relatifs à la célébration de la Sainte-Cène, dépenses pour l'entretien en bon état des vases d'autel, acquisition de liturgies ou de registres paroissiaux, etc. Là où il y a une fabrique, toutes ces dépenses sont ou peuvent être à sa charge (D. du 30 déc. 1809, 37, 46. R. VIII, 14). En cas d'insuffisance des ressources de la fabrique, les dépenses pour frais de culte et mobilier des églises sont à la charge de la caisse des aumônes (D. du 30 déc. 1809, 36. 37. R. VIII, 14). En cas d'insuffisance des aumônes, elles sont à supporter par la commune, dans le budget de laquelle se reproduit annuellement l'article : déficit de la fabrique protestante (Loi du 18 germ. XI; Loi du 5 mai 1806; R. II, 58; D. du 30 déc. 1809, 62; R. VIII, 15; Loi du 15 mai 1818; Loi du 18 juill. 1837, 30; R. II, 88), le tout sous les conditions et dans les formes rapportées à l'article Constructions (§. 148).

Parmi les autres *dépenses ordinaires sanctionnées* il suffira de mentionner les aumônes faites à des pauvres, les frais d'administration consistoriale, les traitements à servir aux employés subalternes de l'église, les contributions des portes et fenêtres du presbytère, les frais de petite réparation des bâtiments religieux, les sommes votées pour la construction de temples dans d'autres paroisses, et, dans la Confession d'Augsbourg, le versement d'une quête en faveur du pensionnat S. Guillaume, ainsi que l'abonnement au Recueil des actes du Directoire.

c) *Quêtes.*

Les *quêtes auprès des caisses d'aumônes ou de fabrique* en faveur de personnes indigentes sont abolies (R. I, 73, II, 163. IX, 134), en ce sens que les pasteurs ne délivreront par écrit, à aucun pauvre, une autorisation de collecter. Les pasteurs qui voudront intercéder particulièrement pour l'un de leurs paroissiens présenteront leur demande en séance du Consistoire. (Dans des cas exceptionnels seulement, on pourra intercéder d'une manière analogue auprès de tous les Consistoires de l'Inspection. S'il s'agissait d'adresser la demande à un Consistoire d'une autre Inspection, ce renvoi ne pourrait se faire sans l'autorisation du Directoire.) Les secours ainsi accordés seront certifiés véritables par le pasteur, et visés par le président du Consistoire (R. I, 73). Nous avons déjà parlé (§. 146) des *Diaconats* réformés.

Les seules quêtes autorisées auprès des caisses d'aumônes ou de fabrique sont celles qui ont pour but de subvenir à la construction des temples. Elles ne se feront point toutefois par un collecteur, mais par imprimés adressés aux différents Consistoires (R. I, 73, 75).

Les *quêtes à domicile* faites pour l'église, par le pasteur, lorsqu'elles ont lieu sans autorisation préalable de la part de l'autorité civile, sont tacitement tolérées, d'après la jurisprudence qui a prévalu.

152. *Il administre également les biens et revenus appartenant à l'église ou aux églises de la circonscription paroissiale, à l'exception toutefois des biens et revenus qui seraient indivis entre plusieurs paroisses* (Arr. min. du 10 nov. 1852, 3).

Souvent le Conseil presbytéral n'a rien à gérer que les aumônes, ni d'autres biens à surveiller que les biens curiaux. Quand il est également appelé à gérer des biens spécialement affectés à l'entretien du culte et des bâtiments religieux, on a l'habitude de dire que l'église a une *fabrique*. C'est d'elle et de ses biens possédés par la paroisse, qu'il s'agit ici. Les églises des départements de l'Est sont à peu près les seules qui possèdent des fabriques.

a) *Conservation et gestion.*

En général, il est indispensable d'observer, tant pour la conservation que pour la gestion des biens de fabrique, toutes les formes prescrites à l'égard des biens communaux (D. du 30 déc.

1809, 60). Le renouvellement des rentes foncières aura lieu avant qu'il ne se soit écoulé une période de trente ans, à moins que le débiteur de la rente ne veuille la racheter au taux légal (R. I, 96, 97). Les bâtiments seront assurés dans les seules sociétés à primes fixes (§. 148). L'encaissement des rentes annuelles ne sera pas trop longtemps différé, vu que tout ce qui est payable par année, se prescrit par cinq ans (C. N., 2277). Les forêts qui appartiennent aux fabriques sont soumises aux règles spéciales établies par le Code forestier (art. 90—112).

Le Conseil presbytéral, du reste, n'a que la surveillance de cette administration; la gestion elle-même est confiée au receveur ou trésorier consistorial (§. 99).

b) *Baux.*

Le projet du cahier des charges, rédigé sur papier libre, est élaboré par le Conseil presbytéral, et soumis à l'approbation des autorités ecclésiastiques supérieures (R. X, 196). Ce cahier est ensuite remis au notaire qui l'insère dans son procès-verbal d'enchère. Quand l'enchère a eu lieu, copie, sur papier libre, de la minute est remise au Conseil presbytéral, qui l'approuve et la transfère au Consistoire, ensemble avec un extrait du bail approuvé (R. III, 70). Dans l'église de la Confession d'Augsbourg on se servira des cadres imprimés par les soins de l'autorité supérieure, et le Consistoire enverra les pièces au Directoire pour être par lui définitivement ratifiées (R. I, 22; VIII, 80; X, 195).

S'il y a des observations à faire sur le résultat de l'enchère, soit que les biens n'aient pas été portés à leur juste valeur, soit que la solvabilité de l'enchérisseur paraisse douteuse, etc., ces observations sont jointes à l'envoi aux autorités ecclésiastiques supérieures, lesquelles y auront égard. Le bail ratifié est renvoyé aux autorités ecclésiastiques inférieures et au notaire pour être soumis à l'enregistrement. Le délai pour l'enregistrement est de vingt jours après celui de la réception de l'approbation directoriale au Consistoire, ou de l'approbation consistoriale au Conseil presbytéral (Décis. min. du 16 juill. 1847. R. IV, 174). Passé le délai, il y a double droit.

Les pertes essuyées par suite de cas fortuits, tels que grêle, feu du ciel, etc., resteront à la charge des fermiers, à l'exception des cas fortuits extraordinaires, comme la guerre ou autres

7

(R. III, 173; C. N., 1773). Par contre, il conviendra de stipuler dans les baux que le curage des fossés et des eaux courantes sera aux frais des fermiers, lesquels auront également à supporter toutes les dépenses et travaux concernant l'entretien des chemins vicinaux (*Ib.*).

Les canons en grains seront stipulés en mesures décimales et en chiffres ronds au minimum de 25 litres pour les biens de la contenance d'un hectare et au-dessus, de 10 litres au moins pour les parcelles d'une moindre importance (R. II, 11).[1]

c) *Échange d'immeubles.*

Les pièces à produire sont les délibérations du Conseil presbytéral et du Consistoire; la soumission de l'échangiste; l'estimation contradictoire des biens à échanger et à recevoir en contre-échange; le procès-verbal d'enquête *de commodo et incommodo;* les avis du conseil municipal, du Directoire, dans l'Église de la Confession d'Augsbourg, et du Préfet. Il est statué par un Décret rendu sur le rapport du Ministre, et délibéré dans le comité de législation du Conseil d'État. Alors seulement on pourra s'adresser au notaire à l'effet de passer acte d'échange (Arr. du 7 germ. IX et du 21 frim. XI; D. du 30 déc. 1809, 62; Ord. du 14 janv. 1831, 2; R. III, 65; Circ. min. du 29 janv. 1831; Loi du 18 juill. 1837, 21; R. II, 88; R. III, 66. IV, 36; Blanc, p. 17).

d) *Acquisition d'immeubles.*

Les pièces à produire sont : les délibérations du Conseil presbytéral et du Consistoire indiquant l'origine des fonds; le budget de l'établissement; la promesse de vente sous seing privé du vendeur; le procès-verbal d'expertise et plan des lieux; le procès-verbal d'enquête *de commodo et incommodo;* les avis du conseil municipal, (du Directoire) et du Préfet. L'acquisition ne peut être autorisée que par Décret impérial (*Ib.*; Déc. du 30 déc. 1809, 12; Avis du Conseil d'État cité par Vuillefroy; Blanc, p. 16, voir plus haut, §. 9).

e) *Aliénation d'immeubles.*

Il sera nécessaire de produire les délibérations du Conseil presbytéral et du Consistoire indiquant l'origine de l'immeuble; le budget de l'établissement; le procès-verbal d'expertise et le plan

1. Voir d'autres instructions encore R. VIII, 149, et un modèle de bail par enchère R. VIII, 151.

des lieux; le procès-verbal d'enquête *de commodo et incommodo;* les avis du conseil municipal (du Directoire) et du Préfet (*ib.*). Il sera statué par Décret impérial (Loi du 2 janv. 1817; D. du 30 déc. 1809, 62).

f) *Contributions.*

Les contributions directes et la taxe annuelle représentative des droits de transmission entre vifs et par décès, sont à la charge de la fabrique (R. VI, 134, 135).

g) *Procès.*

Le receveur est en droit d'actionner le débiteur retardataire; mais lorsqu'il s'agit d'une action qui touche au fond d'un contrat, s'il s'agit, par exemple, de défendre des droits contestés concernant la fabrique, il faut que l'Administration, pour qu'elle puisse agir comme demanderesse ou défenderesse en justice, se fasse autoriser. Le Conseil presbytéral établira donc ses raisons par une délibération adressée au Consistoire (celui-ci, en fera son rapport au Directoire), et cette dernière autorité, après avoir joint son avis, transmettra le dossier au Conseil de préfecture, qui statuera (Ord. du 23 mai 1834. R. II, 21), après que le préfet aura pris l'avis préalable du conseil municipal (Loi du 18 juill. 1837; R. II, 88).[1]

L'action sera intentée au nom de la fabrique, et les diligences faites à la requête du receveur ou trésorier (D. du 30 déc. 1809, 77, 80).

En cas d'appel, une nouvelle autorisation sera demandée auprès du Conseil de préfecture, ou, sur son refus, auprès du Conseil d'État (Avis divers du Cons. d'État cités par Vuillefroy).

153. *Il dresse, au mois de novembre de chaque année, pour l'année suivante, le budget de ses recettes et de ses dépenses* (Arr. min. du 10 nov. 1852, 3. Arr. min. du 20 mai 1853, 5).

Les *budgets soit de fabriques, soit d'aumônes,* émargeront une évaluation approximative d'un reliquat actif ou passif provenant de l'exercice précédent (R. II, 109). Sont dispensés de cet émargement les budgets des fabriques qui n'ont qu'un revenu ordinaire de 1000 francs et au-dessous (R. II, 180). Lorsqu'il y aura des rentrées de capitaux ou des fonds disponibles en reliquats de compte, ces sommes figureront au chapitre des recettes

1. Voir le détail des pièces à produire. R. IV, 71.

diverses. S'il y avait une dépense extraordinaire à faire, à laquelle les revenus ordinaires ne suffiraient point, on établirait, par un état de situation, que les fonds disponibles de la fabrique peuvent la payer (*Ib.*).

Lorsque la fabrique a besoin d'un secours de la commune, elle soumet son budget au conseil municipal (Loi du 18 juill. 1837; R. II, 88).

Les budgets seront soumis à l'approbation de l'autorité ecclésiastique supérieure avant le 1er janvier qui précède l'exercice (R. VI, 55).

Les demandes en non-valeurs ne seront ratifiées par l'autorité directoriale, que sur les preuves les plus précises qu'aucune mesure de prudente conservation n'a été négligée (R. VIII, 164).

154. *Il vérifie et arrête les comptes qui sont rendus à l'expiration de chaque année par le receveur ou trésorier* (Arrêté min. du 10 nov. 1852, 3, et du 20 mai 1853, 5).

L'exercice pour la *comptabilité des fabriques* comprend l'année civile. Le 31 décembre il est clos, mais le compte de l'exercice reste ouvert à l'inscription des faits qui se rapportent à cet exercice, aussi longtemps qu'il sera jugé nécessaire pour que les faits puissent être accomplis, du moins pour la plupart[1]. Le petit nombre d'objets restés en souffrance pourra être reporté, sous des chapitres spéciaux, à l'exercice suivant (R. II, 111).

L'ordonnancement des pièces à l'appui des comptes de fabrique se fait par le président du Consistoire, à moins que le Consistoire n'ait confié cette mission à un autre de ses membres, qui prend le titre d'ordonnateur. Les dépenses pour traitements pourront être réunies en un seul état d'émargement, arrêté et signé par le président du Consistoire ou par l'ordonnateur; chaque partie prenante signera l'état, en regard de l'article qui la concerne (R. III, 55).

Lorsque la fabrique reçoit un secours de la commune, elle soumet son compte définitif au conseil municipal (Loi du 18 juill. 1837; R. II, 88).

On observera, pour toutes les pièces, les lois sur le timbre

1. Le Décret du 30 décembre 1809, art. 85, désigne comme dernier délai le deuxième dimanche d'avril, pour les fabriques catholiques.

des comptes et des pièces à l'appui (Loi du 13 brum. VII, D. du 4 mess. XIII; R. II, 126; Ord. roy. du 28 sept. 1846; R. IV, 81), et les dispositions ministérielles et directoriales sur le format et l'expédition des pièces en général (§. 92).

Sur le refus du receveur ou trésorier de présenter son compte définitif à l'époque fixée, et d'en payer le reliquat, les autorités ecclésiastiques, et, à leur défaut, le procureur impérial, seront tenus de poursuivre le comptable devant le tribunal de première instance (D. du 30 déc. 1809, 90).

Les comptes d'*aumônes* seront arrêtés d'après les règles prescrites (§. 151).

155. *Il propose au Consistoire l'emploi ou le placement des capitaux disponibles* (Arr. min. du 10 nov. 1852, 3, et implicitement dans l'Arr. min. du 20 mai 1853, 1).

Les capitaux disponibles seront immédiatement placés (D. du 30 déc. 1809, 63; R. II, 110), avec les précautions les plus scrupuleuses relatives tant à la moralité qu'à l'état civil de l'emprunteur, et en particulier après établissement régulier de la propriété des immeubles hypothéqués (R. VIII, 146). Un simple projet de l'acte sera d'abord communiqué, puis copie sur papier libre du contrat à passer sera transmise au Directoire ou au Consistoire réformé. L'approbation directoriale ou consistoriale sera donnée au vu de cette copie par un arrêté séparé qui restera annexé à la minute (R. II, 66; III, 56; VIII, 80, et surtout X, 196). Dans la Confession d'Augsbourg, les placements sur billets sont interdits (*ib.*, et X, 83). Les plus favorisés sont ceux en rentes sur l'État.

En attendant l'occasion d'un placement solide sur obligations hypothécaires, le receveur versera les fonds disponibles à la caisse d'épargnes, sous peine d'être forcé en recette des intérêts de toutes les sommes dont il aurait négligé le placement (R. II, 110; VIII; 148; X, 83).

Les mêmes fonds, pour être utilisés, pourront être versés entre les mains des receveurs généraux et d'arrondissement. Les retraits seront opérés jusqu'à concurrence de 300 francs, sous l'autorisation du président du Consistoire; pour les sommes plus importantes, dans la Confession d'Augsbourg, sous celle du président du Directoire (R. III, 142, 144).

Voir un modèle d'obligation pour des prêts considérables, et un autre pour des prêts moins importants R. VIII, 156 et 159.

156. *Aucun acte d'administration du Conseil presbytéral de la Confession d'Augsbourg n'est valable qu'après examen et visa du Consistoire qui en propose au Directoire l'acceptation ou le rejet* (Arr. min. du 10 nov. 1852, 4).

Le Conseil presbytéral réformé soumet au Consistoire les actes d'administration et les demandes qui, par leur nature, exigent l'approbation de l'autorité supérieure (Arr. min. du 20 mai 1853, 2).

TITRE VII.

Des élections pour le Conseil presbytéral.[1]

a) **Élection proprement dite.**[2]

157. *Les élections pour le Conseil presbytéral ont lieu au scrutin secret et à la majorité absolue des suffrages* (Arr. min. du 10 sept. 1852, 15).

Les élections seront annoncées du haut de la chaire les trois dimanches qui précèderont le vote. Le Consistoire fixera les heures précises d'ouverture et de clôture du scrutin, et en donnera avis, quinze jours au moins à l'avance, au maire de la commune où le vote aura lieu. Il déterminera encore les localités de la paroisse dans lesquelles, indépendamment du chef-lieu de la paroisse, un scrutin sera ouvert (Circ. min. du 14 sept. 1852; R. X, 23, 24).

158. *Si la majorité absolue n'est pas acquise au premier tour de scrutin, une seconde élection a lieu, et dans ce cas, la majorité relative suffit* (Arr. min. du 10 sept. 1852, 15).

159. *S'il y a partage égal de voix entre deux candidats, le plus âgé est déclaré élu* (Ib., 16).

160. *En cas de nomination de deux ou plusieurs parents ou alliés aux degrés prohibés* (§. 122), *celui qui a réuni le plus de voix est élu* (Arr. min. du 10 sept. 1852, 16).

161. *Le vote a lieu sous la présidence d'un pasteur, ou, à défaut, d'un ancien délégué par le Conseil presbytéral* (Ib., 17).

162. *Deux électeurs également désignés par le Conseil presbytéral complètent le bureau; l'un d'eux remplit les fonctions de secrétaire* (Ib., 17).

1. Tout ce titre s'applique également à l'élection des représentants appelés à doubler le nombre des laïques du Conseil presbytéral chef-lieu, dans le Consistoire.

2. Voir les règles générales sur la nomination et le renouvellement des conseillers presbytéraux, §§. 125-133.

163. *Les bulletins seront écrits à la main, dans le lieu même du vote, soit par l'électeur, soit par un tiers qu'il en chargera* (Ib., 18).

Tout bulletin non écrit à la main sera annulé (Circ. min. du 14 sept. 1852; R. X, 24).

164. *Ils contiendront autant de noms qu'il y aura d'anciens à élire* (Arr. min. du 10 sept. 1852, 18).

Si un nom se trouve répété sur le même bulletin, il ne sera compté que pour un seul vote (Circ. min. du 14 sept. 1852; R. X, 24).

Les diverses localités d'une circonscription paroissiale qui auront obtenu du Consistoire d'ouvrir un scrutin local indépendamment de celui du chef-lieu paroissial (§. 157), voteront, en thèse générale, pour la totalité des membres à élire au Conseil presbytéral. Toutefois, cette règle pourra souffrir une exception (scrutin partiel), si l'étendue de la circonscription s'oppose à ce que les électeurs aient une connaissance suffisante des membres de l'église sur lesquels ils ont à porter leur choix, ou si la population protestante est d'importance telle qu'il y ait lieu de lui assurer une représentation déterminée à l'avance. Ce point est laissé à l'appréciation des Consistoires (Circ. min. du 10 nov. 1852, 9; R. 10, 45).

Par exemple, qu'une paroisse ayant une annexe, doive avoir cinq conseillers presbytéraux; au lieu de les faire nommer tous les cinq par tous les membres des deux communes, le Consistoire pourra répartir les cinq conseillers presbytéraux à élire, entre les deux localités, selon le chiffre de la population, soit trois pour la commune chef-lieu, deux pour l'annexe, et décider qu'on nommera les trois premiers dans l'église mère, les deux autres dans le village annexé; le tout, dans la Confession d'Augsbourg, sauf approbation du Directoire. Ce scrutin, à la fois local et partiel, procurera le double avantage d'éviter à beaucoup d'électeurs un déplacement onéreux, et d'assurer à chacune des deux communes sa représentation au Conseil presbytéral.

Le Consistoire prendra les mesures nécessaires pour la conservation des bulletins. Après la clôture, le scrutin sera immédiatement dépouillé par le bureau, et le procès-verbal, dressé séance tenante, sera envoyé au Conseil presbytéral qui le transmettra au

Consistoire. S'il y a réclamation ou protestation, il en sera fait mention au procès-verbal, et les pièces à l'appui, y compris les bulletins de vote déclarés nuls ou douteux, y seront annexés (Circ. min. du 14 sept. 1852; R. X, 24).

Dans l'Église de la Confession d'Augsbourg l'autorité directoriale interviendra partout où il sera nécessaire pour l'exécution du règlement (*ib.*).

b) Confirmation des élections.

165. *Le Consistoire statue sur la validité des élections, sous la réserve de l'approbation du Directoire pour l'Église de la Confession d'Augsbourg* (Arr. min. du 10 sept. 1852. 19).

166. *Les procès-verbaux sont envoyés à l'Inspecteur ecclésiastique, qui les transmet au Directoire, dans l'Église de la Confession d'Augsbourg* (Ib.).

Le Consistoire réformé informe le préfet du résultat (*Ib*).

Des instructions spéciales donneront, sans doute, aux procès-verbaux futurs l'exactitude et l'uniformité désirables.

167. *Après chaque renouvellement, le Directoire de la Confession d'Augsbourg, ou le Consistoire réformé adresse au Ministre un tableau général* (Ib.).

Le résultat des élections sera proclamé, dans chaque paroisse, aux offices divins du dimanche qui suivra la déclaration de validité. (Circ. min. du 14 sept. 1852; R. X, 24).

L'installation des conseils presbytéraux aura lieu dans les formes prescrites (§. 126).

TITRE VIII.

Du registre paroissial et des électeurs.

---

a) **Registre.**

168. *Sont électeurs du Conseil presbytéral les membres de l'église portés sur le registre paroissial* (D. 1).

Par cette disposition le Décret a voulu inaugurer le gouvernement de l'Église par elle-même, et établir sur une large base notre organisation religieuse. Tous prennent part à la nomination du Conseil presbytéral, à la formation partielle du Consistoire et comme conséquence à celle du Consistoire supérieur ou des Synodes; le Conseil presbytéral, ainsi nommé, complète à son tour le Consistoire et influe par là également sur la composition de l'autorité consistoriale suprême, ou de l'assemblée synodale. Les laïques forment donc la clef de voûte de l'édifice érigé par la réorganisation de notre culte protestant.

Le registre aura les colonnes suivantes : numéro d'ordre; nom; prénoms; profession; lieu de naissance; date de la naissance; depuis quand l'électeur habite la paroisse; s'il est marié, veuf ou célibataire; mentions spéciales et observations (Modèle envoyé par le Ministre). Cette dernière colonne pourra être subdivisée en plusieurs autres qui indiqueront la demeure de l'électeur, son âge, et, s'il y a lieu, son surnom ou sa dénomination habituelle.

169. *Le registre paroissial est ouvert le* 1er *janvier, et clos le* 31 *décembre pour servir aux élections de l'année suivante* (Arr. min. du 10 sept. 1852, 13).

170. *Il est révisé tous les ans, au mois de décembre, en Conseil presbytéral* (Ib.).

171. *Il est tenu en double, et l'un des exemplaires est déposé aux archives, l'autre chez le pasteur président du Conseil presbytéral* (Ib.).

172. *Les pasteurs et les membres de l'église pourront toujours en prendre communication, sans que jamais le registre puisse être déplacé* (Ib.).

Les Consistoires apprécieront quels sont les moyens, outre la publication faite du haut de la chaire, de mettre tous les membres de l'église en demeure de se faire inscrire au registre paroissial. Ils apprécieront également, suivant les conditions dans lesquelles se trouvent les paroisses, les difficultés dont il conviendrait de tenir compte à l'électeur (Circ. min. du 10 nov. 1852, 8; R. X, 45).

Ils pourront donc autoriser *l'inscription d'office* quand elle semblera indispensable pour la rédaction d'une liste complète.

Un délai sera fixé pour la clôture du registre; mais rien ne s'oppose à ce qu'un membre dont le droit est incontestable, soit inscrit après l'expiration de ce délai, sauf approbation du Consistoire (*Ib.*).

173. *Tout membre de l'église, inscrit au registre paroissial, qui a transféré son domicile dans une autre paroisse, peut requérir l'extrait de son inscription* (Arr. min. du 10 sept. 1852, 14).

174. *Cette pièce, signée du président et du secrétaire du Conseil presbytéral, est adressée au Conseil presbytéral de la nouvelle résidence, et elle tient lieu des justifications exigées, hormis celle du domicile* (Ib.).

175. *Cette transmission se fera par l'intermédiaire du Directoire dans la Confession d'Augsbourg* (ib.); (*dans l'Église réformée par l'entremise du Consistoire*).

b) Conditions civiles de l'électorat paroissial.

176. *Sont inscrits sur le registre paroissial, sur leur demande, les protestants français qui, ayant trente ans révolus et deux ans de domicile dans la paroisse, établissent qu'ils appartiennent à l'Église de la Confession d'Augsbourg ou à l'Église réformée, par les justifications que le Directoire et le Conseil central ont déterminées, en conformité avec les vœux de la majorité des Consistoires* (Arr. min. du 10 sept. 1852, 10).

Les conditions civiles exigées par cet article sont celles de nationalité, d'âge et de domicile. Nous parlerons ci-dessous, §. 179, des conditions religieuses qu'il énonce.

L'inscription d'office a été formellement autorisée pour l'Église de la Confession d'Augsbourg, et le domicile exigé, réduit dans la même Église à un an, par des décisions auxquelles le Ministre des cultes a donné sa sanction (R. XII, 136).

177. *Les étrangers, après trois ans de résidence dans la* *paroisse, sont admis à se faire inscrire au registre paroissial, aux mêmes conditions que les nationaux* (Ib. 10).

178. *Toutes les incapacités édictées par les lois et entraînant la privation du droit électoral politique ou municipal, font perdre le droit électoral paroissial* (Ib. 11).

Les conditions civiles de l'électorat sont donc 1° être Français, sauf l'exception portée ci-dessus (§. 177); 2° avoir la jouissance des droits électoraux politiques et municipaux (voir le Décret du 2 février 1852, art. 15 et 16, et le tableau détaillé des exclusions dressé dans les Actes des Préfectures; par exemple, Actes de la Préfecture du Bas-Rhin, vol. 55, p. 449 et suiv.); 3° être âgé de trente ans révolus; 4° être domicilié dans la paroisse depuis deux ans, au moins, pour l'Église réformée, depuis un an, au moins, pour les communautés de la Confession d'Augsbourg.

Ces conditions sont destinées à limiter le nombre des électeurs, et à préserver le suffrage paroissial de certains écarts qu'aurait pu entraîner l'application absolue du principe.

Les pasteurs sont de plein droit inscrits au registre paroissial; leur qualité de pasteur vaut dispense des conditions d'âge et de domicile exigées par la loi (Circ. min. du 10 nov. 1852, 5; R. X, 44).

Il en sera de même des pasteurs auxiliaires et suffragants à divers titres, des aumôniers des lycéés ou colléges, des hospices et prisons, lorsqu'ils auront été admis à siéger dans le Conseil presbytéral (*Ib.*).

c) Conditions religieuses de l'électorat paroissial.

179. *Ceux qui voudront jouir du droit électoral paroissial, justifieront qu'ils ont été admis dans l'Église conformément aux règles établies, qu'ils participent aux exercices et aux obligations du culte, et, en cas de mariage, qu'ils ont reçu la bénédiction nuptiale protestante* (Circ. min. du 14 sept. 1852)[1].

1. A part l'article cité dans le §. 176, il n'y a ni prescription législative, ni Arrêté ministériel à ce sujet. Le Gouvernement a voulu éviter de donner le moindre prétexte au reproche de s'immiscer dans les choses de foi. Ce point a été réglé, dans l'Église de la confession d'Augsbourg, par des circulaires ministérielles et des communications directoriales qui les ont provoquées ou suivies, dans l'Église

A côté des conditions civiles de l'électorat, et en premier ordre, sont les garanties religieuses qui doivent être exigées des électeurs. La détermination en est étrangère aux attributions du pouvoir civil. Sur ce point le Gouvernement s'en réfère à l'opinion émise soit par le Directoire soit par le Conseil central, et qui se trouve confirmée non-seulement par les avis des pasteurs et des membres laïques des églises, mais encore par les vœux des assemblées précédemment réunies. Le Directoire, d'un côté, et les Consistoires réformés de l'autre souscrivent à ces vœux, en demandant à ceux qui voudront jouir du droit électoral de justifier des conditions énoncées au paragraphe (*Ib.*).

Par justification de l'admission dans l'Église conformément aux règles établies, et de la participation aux exercices et aux obligations du culte, il convient d'entendre uniquement, de l'avis même des autorités ecclésiastiques, la justification de l'admission dans l'Église par la première communion ou par l'acte équivalent. On justifiera de cette participation à la Sainte-Cène, soit par un certificat d'admission, soit par la déclaration d'un pasteur signée au registre paroissial (comp. Circ. min. du 10 nov. 1852. 6; R. X, 44).

Ceux qui participent aux actes du culte sont présumés avoir été confirmés. Le pasteur, en Conseil presbytéral, appréciera (R. XII, 136).

Si le mariage est mixte, la bénédiction nuptiale protestante n'est pas rigoureusement exigée dans la Confession d'Augsbourg; mais on ne pourra réclamer l'inscription au registre qu'autant qu'on fera élever, au moins une partie de ses enfants, dans la foi de l'Église protestante (R. XII, 136).

Le Directoire, dans ses propositions et ses règlements, s'est borné aux prescriptions rapportées ci-dessus, parce qu'il a cru qu'il y aurait danger à faire un seul pas de plus, et parce qu'il lui répugnait de créer un tribunal jugeant de la piété même des fidèles. « Par cela seul, dit-il, qu'un membre de notre Église réclame son inscription sur le registre, il fait un acte d'adhésion officielle, et, à moins d'incapacité civile, il semble devoir être admis »

réformée, par des circulaires ministérielles rédigés sur les propositions du Conseil central dans ce qu'elles avaient de conforme aux vœux de la majorité des Consistoires. Vu l'importance de la matière, nous n'en avons pas moins accueilli la disposition ci-dessus au nombre de nos paragraphes.

(R. X, 34). Les autorités ecclésiastiques réformées se sont prononcées dans le même sens, pour les mêmes raisons.

d) Cas de radiation ou d'omission.

180. *En cas d'indignité notoire, la radiation ou l'omission du nom est prononcée par le Conseil presbytéral au scrutin secret, sans discussion, et seulement à l'unanimité des voix* (Arr. min. du 10 sept. 1852, 12).

Il ne faudrait rien moins qu'une indifférence complète, un éloignement patent de tous les services religieux ou une immoralité notoire pour déterminer l'exclusion ou la non-admission sur le registre paroissial (R. X, 34).

Seront considérés comme notoirement indignes, notamment ceux qui vivent en état de concubinage, ceux qui se livrent à l'ivrognerie; ceux qui, dans les lieux publics, auront tenus des propos outrageants contre la religion; ceux qui, par une abstention permanente de toute participation aux actes du culte public, auront publiquement témoigné de leur indifférence religieuse (R. XII, 136).

L'unanimité pour la radiation n'est plus exigée dans l'Église de la Confession d'Augsbourg, le Ministre des cultes ayant autorisé la suppression, pour cette Église, des derniers mots de l'article cité au paragraphe (R. XII, 136). Toutefois si, en cas d'indignité notoire, l'unanimité n'était point obtenue dans le vote du Conseil presbytéral, le pasteur aurait à en référer au Consistoire, qui ferait parvenir un rapport au Directoire (R. X, 21).

Dans le cas où, soit le Conseil presbytéral, soit le Consistoire de la Confession d'Augsbourg aura prononcé la non-admission d'une personne, le procès-verbal qui accompagne le registre devra mentionner le nombre de voix qui aura emporté la décision, et les motifs qui l'auront amenée (R. X, 34).

181. *Toute réclamation pour cause d'omission ou de radiation est d'abord adressée au Conseil presbytéral* (Arr. min. du 10 déc. 1852, 12).

182. *Elle n'est prise en considération que si elle est personnelle, directe et formulée par écrit* (Ib.).

183. *En cas d'appel le Directoire ou le Consistoire réformé décide en dernier ressort* (Ib.).

TITRE IX.

Dispositions diverses.[1]

a) Fonctions pastorales.

184. *Toutes les fonctions ecclésiastiques du pasteur seront gratuites, sauf les oblations qui seraient autorisées* (G. c. 5).

Notre Église ne connaît à ce sujet aucun tarif (S. Matth. X, 8). Les oblations sont librement offertes par le respect ou la reconnaissance des fidèles.

Il est interdit à tout pasteur étranger à une paroisse, d'y procéder à aucune fonction pastorale sans le consentement du pasteur de la localité et même du Consistoire (comp. R. II, 2; Disc. I, 25).

a) *Baptême.*

Quand une personne laïque de la Confession d'Augsbourg aura administré le baptême (*ondoiement*) dans des circonstances qui pouvaient sembler urgentes, le pasteur tiendra à ce que l'enfant soit présenté à l'église. Là il vérifiera l'acte du baptême, le déclarera valable, s'il y a lieu, adressera quelques exhortations aux parents, et invoquera dans une prière la grâce divine sur l'enfant (R. II, 2).

Dans l'Église réformée, le baptême administré par celui qui n'a point de vocation est nul (Disc. XI, 1).

1. Parce qu'elles ne sont pas aussi fondamentales que celles rapportées sous notre titre premier, nous avons réservé pour ce titre additionnel, d'abord quelques dispositions empruntées à la loi de Germinal portant organisation du culte catholique, mais susceptibles aussi, ce nous semble, de s'appliquer à nos églises, puis une série de lois, ordonnances ou décrets qui intéressent les membres de notre communauté religieuse, et qui paraissaient ne point trouver leur place autre part. Ce supplément nous procurera encore l'avantage de ne pas négliger plusieurs prescriptions réglementaires émanées du Directoire et qui n'ont pu se rattacher aux paragraphes précédents. Toutefois, dans ce chapitre surtout, nous devons renoncer à la prétention d'être complet; glanant dans un champ d'une immense étendue et très-vaguement limité, nous ne pouvons qu'y relever certains points qui nous ont paru d'un intérêt plus pratique.

Si le pasteur est appelé à baptiser un enfant illégitime, il s'interdira de procéder officiellement à la *recherche de la paternité* (C. N., 340). Voir du reste la nouvelle *Agende*, R. XII, 105.

b) *Confirmation ou première communion.*

Dans l'Église de la Confession d'Augsbourg, le pasteur n'acceptera pour la confirmation que les seuls enfants qui auront fréquenté pendant deux ans le cours préparatoire, qui auront quatorze ans révolus le 30 avril de l'année courante, et qui auront été admis à cet acte par l'inspecteur ecclésiastique, d'après la liste à lui transmise à cet effet par le pasteur sur l'un des cadres imprimés à cet usage. Toute dispense spéciale ne pourra être accordée que par l'inspecteur. Le pasteur ne confirmera aucun enfant qui habite une autre paroisse, à moins que son collègue n'en ait donné l'autorisation par écrit (R. I, 167; X, 35. Comp. l'*Agende*, R. XII, 105).

Il donnera l'*instruction religieuse* encore en dehors des leçons destinées aux catéchumènes, dans un cours à part qui aura lieu au moins une fois par semaine, et qui durera toute l'année (R. X, 35).

Si les ressources de la paroisse le permettent, il établira une *bibliothèque paroissiale* populaire et édifiante à l'usage de tous les fidèles; il dressera un catalogue raisonné des livres qui la composent, et veillera à leur conservation (R. VIII, 199).

Dans l'Église réformée, les enfants au-dessous de l'âge de douze ans ne seront point admis à la Sainte-Cène; au-dessus de cet âge il sera à la discrétion des pasteurs de les y admettre ou non, selon qu'ils se trouveront bien ou mal instruits (Disc. XII, 2).

c) *Sainte-Cène.*

Si, lors de la célébration de la Sainte-Cène ou aux époques qui la précèdent ou la suivent, le pasteur a besoin du secours d'un *diacre*, soit pour la distribution du saint sacrement, soit pour des sermons, il s'adressera, pour l'obtenir, au Directoire (R. X, 67).

Il ne fera figurer dans les comptes aucune dépense pour *frais d'assistance* à la Sainte-Cène, qui ne soit accompagnée d'une quittance délivrée par le diacre qui aura réellement fonctionné (R. III, 135).

Il se gardera de *refuser* la Sainte-Cène à des persones qui ne seraient point dans le cas de séparation de l'Église régulièrement prononcée (Décis. min. citées par Vuillefroy). Un refus non motivé exposerait le pasteur à un appel comme d'abus (§. 7. Voir, du reste, l'*Agende*, R. XII, 106).[1]

185. *Les pasteurs ne donneront la bénédiction nuptiale qu'à ceux qui justifieront, en bonne et due forme, avoir contracté mariage devant l'officier de l'état civil* (G. C. 54).

Tout pasteur qui procédera aux cérémonies religieuses d'un mariage sans qu'il lui ait été justifié d'un acte de mariage préalablement reçu par les officiers de l'état civil, sera, pour la première fois, puni d'une amende de 16 à 100 francs, à la première récidive d'un emprisonnement de 2 à 5 ans, à la seconde de la détention (C. P. 199, 200).

Le pasteur observera cette loi, même envers des personnes nées à l'étranger (R. II, 165).

A l'occasion de la célébration du mariage, il s'abstiendra de toute cérémonie hors de l'église (R. III, 137); il s'interdira également de bénir les mariages dans les temps de l'avent et pendant la semaine sainte (R. I, 166).

Il ne bénira aucun mariage de personnes non domiciliées dans sa paroisse, à moins d'en avoir reçu l'autorisation de son collègue (R. II, 2. Voir, du reste, l'*Agende*, R. XII, 107).

186. *Aucune inhumation ne sera faite sans une autorisation de l'officier de l'état civil, et que vingt-quatre heures après le décès* (D. du 4 thermid. XIII; C. N., 77).

Pour toute contravention à cet égard, le pasteur encourra une peine de 6 jours à 2 mois d'emprisonnement, et une amende de 16 francs à 50 francs (C. P., 358).

Aucune inhumation n'aura lieu dans l'église ou dans l'enceinte des villes et bourgs (D. du 23 prair. XII, 1; R. I, 57).

Le pasteur procédera à l'enterrement sans aucune espèce de pratiques abusives (R. II, 7. Voir l'*Agende*, R. XII, 109).

Si la personne décédée appartenait à une autre paroisse, il informera son collègue de l'enterrement auquel il aura procédé, ainsi que des circonstances du décès (R. II, 171).

Hors le cas où le défunt aurait été régulièrement séparé de l'Église, il ne *refusera* sous aucun prétexte son ministère pour l'inhumation d'un corps (D. du 23 prair. XII, 19; R. I, 57), s'il ne veut s'exposer à un appel comme d'abus (§. 7).

1. Il sera question des autres fonctions pastorales dans les paragraphes suivants.

Lors de l'enterrement d'un suicidé, il ne se fera pas demander en vain le concours de ses prières, et ne refusera en aucun cas son ministère. La mesure seule des honneurs que l'Église rendra au défunt est abandonnée à son appréciation (R. XI, 97, 101).

Le droit du service des pompes funèbres appartient à la fabrique (D. cité 22, R. I, 59).

187. *Le cimetière des communes mixtes, s'il n'y en a qu'un, sera divisé en autant de parties qu'il y a de cultes différents, avec une entrée particulière pour chacune* (D. du 23 prair. XII, 15; R. I, 59).

La police des lieux de sépulture est soumise à l'administration municipale (D. du 23 prair. XII, 16; R. I, 59; Ord. roy. du 6 déc. 1843; R. III, 39).

En général et sauf l'exception, le cimetière appartient à la commune (Décis. min. du 15 brum. XI), mais les frais de clôture ou de translation ne lui incombent (Loi du 18 juill. 1837; R. II, 88) qu'en cas d'insuffisance des revenus de la fabrique (D. du 30 déc. 1809, 37; Lettre min. du 23 mai 1838).

La fabrique a la jouissance des produits spontanés du terrain (D. du 30 déc. 1809, 36). C'est à la commune qu'appartiennent les produits non spontanés du sol, tels que les fruits des arbres plantés par la commune, ou existant depuis l'époque de l'acquisition du cimetière (Avis du comité de législation cité par Vuillefroy).

Aucun endroit spécial du cimetière ne sera réservé pour une certaine classe de morts, telle que les duellistes, les suicidés, les mariés civilement, etc. (Décis. min. citées par Vuillefroy).

Un nouveau cimetière ne sera inauguré par le pasteur qu'après autorisation de l'inspecteur ecclésiastique pour la Confession d'Augsbourg (R. IX, 154), après autorisation du Consistoire pour la communion réformée.

Voir au sujet des cimetières une excellente note adoptée par le Consistoire de l'église réformée de Paris, pour être transmise au Ministre de l'intérieur; *Lien*, 1854, p. 33 et suiv.

188. *Les registres tenus par les pasteurs ne pourront, dans aucun cas, suppléer les registres ordonnés par la loi pour constater l'état civil des Français* (C. C., 55).

Les pasteurs tiendront avec soin les registres de baptêmes, de confirmations, de mariages et d'enterrements, en se réglant sur le modèle des formules prescrites (R. II, 167; Disc. XI, 17; XII, 5; XIII, 27); toutefois ces registres n'auront qu'une valeur ecclésiastique; ceux de l'état civil demeurant entre les mains des officiers de la commune (§. 1).

Le registre paroissial sera tenu d'après les règles rapportées ci-dessus (titre 8).

b) **Dimanches et fêtes, police de l'église, écoles primaires.**

189. *Aucune fête, à l'exception du dimanche, ne pourra être établie sans la permission du Gouvernement* (G. C., 41).

La célébration du dimanche est donc sanctionnée par la loi; ce jour doit être consacré au culte religieux.

Le repos des fonctionnaires publics est fixé au dimanche (G. C., 57).

Les simples particuliers eux-mêmes s'interdiront, aux jours indiqués, de travailler extérieurement, ou d'ouvrir leurs boutiques ou ateliers; dans les localités dont la population est au-dessous de 5000 âmes, les cabaretiers, marchands de vin et débitants de boissons tiendront leurs maisons fermées pendant le temps de l'office. Sont exemptés des défenses ci-dessus, les ouvriers employés à la moisson, aux travaux urgents de l'agriculture ou aux réparations motivées par un péril imminent, à la charge, dans ces deux derniers cas, d'en demander la permission à l'autorité municipale (Loi du 18 nov. 1814; Arr. de la Cour de cassat. du 23 juin 1838).

Pour le reste, il y a pleine liberté. « Quelques personnes ont attribué au Gouvernement une intervention active dans la question de l'observation du dimanche. Jamais le Gouvernement n'a eu cette pensée. Il désire que la loi religieuse soit observée; il en donne partout l'exemple; mais il ne veut et ne doit pas faire plus : c'est là pour chacun une question de libre conscience qui n'admet ni contrainte, ni intimidation » (Moniteur universel du 6 juillet 1854).

Les *péricopes*, qui serviront de texte aux sermons du pasteur de la Confession d'Augsbourg, seront celles prescrites par les instructions directoriales (R. X, 33). Ce n'est pas tant le maintien des anciennes péricopes, que le choix arbitraire des textes qui est interdit.

Voir, du reste, sur les services du dimanche, la nouvelle *Agende*, R. XII, 101 et s.

190. *Les jours de fête qui seront célébrés outre les dimanches sont : la Naissance de notre Seigneur, l'Ascension, l'Assomption et la fête de tous les Saints* (Arr. du 29 germ. X).

Le jour de la Toussaint, l'Église de la Confession d'Augsbourg célèbre la fête de la réformation (R. I, 95); le même jour n'est observé chez les réformés que civilement. La fête de l'Assomption, qui est en même temps celle de l'Empereur et de l'Empire, n'a pour nous que ce caractère de fête impériale et nationale.

Voir sur les fêtes, la nouvelle *Agende*, R. XII, 103.

191. *Les pasteurs ne feront dans l'église aucune publication étrangère à l'exercice du culte, si ce n'est celles qui seront ordonnées par le Gouvernement* (G. C. 53).

Cet ordre exceptionnel parviendrait aux pasteurs par l'entremise de l'autorité ecclésiastique qui en prescrirait l'exécution.

D'autres dispositions encore règlent la *police intérieure de l'église :*

Sous aucun prétexte les édifices consacrés au culte ne pourront être détournés de leur destination (Circ. min. du 3 fév. 1831; du 24 mars 1848; R. V, 85).

Les autorités civiles locales elles-mêmes n'ont pas le droit d'y faire des cérémonies ou publications d'aucune sorte (Décis. min. du 10 sept. 1806 et du 31 oct. 1810).

Nul cénotaphe, nulle inscription, nuls monuments funèbres ou autres n'y seront placés que sur la permission du Ministre des cultes (D. du 30 déc. 1809, 73).

Les morceaux de musique ou de chant exécutés dans l'église seront en harmonie avec la destination de l'édifice. (R. VI, 209 comp. IV, 3).

A la porte de l'église il ne doit être perçu aucun droit d'entrée (D. du 30 déc. 1809, 65).

Le pasteur tiendra à l'exécution du règlement portant abolition de la bourse à grelot, et des quêtes, à l'église, au profit des pasteurs ou sacristains (R. II, 176).

192. *Le même temple ne pourra être consacré qu'à un même culte* (G. C. 46).

Là où malgré le principe général de la séparation des cultes le *simultaneum* existe[1], il sera pour le pasteur l'objet d'une attention

1. Dans ce cas sont encore environ 140 de nos églises de la confession d'Augsbourg.

scrupuleuse. Il est interdit de faire le moindre changement dans les églises mixtes, sans autorisation du Ministre des cultes (Arr. min. du 22 avril 1843; Lettre min. du 16 mai 1843; R. II, 129 et suiv.).

193. *L'autorité ecclésiastique supérieure se concertera avec le préfet pour régler la manière d'appeler les fidèles au service divin par le son des cloches. On ne pourra les sonner pour toute autre cause sans la permission de la police locale* (G. C. 48).

Le pasteur usera du droit de faire sonner les cloches pour tout ce qui concernera le service divin, le maire conservant celui d'en disposer pour les usages civils, sauf à se concerter sous ce rapport avec le pasteur. Les difficultés qui pourraient s'élever entre eux seront soumises à l'autorité ecclésiastique supérieure et au préfet, lesquels s'entendront pour les résoudre (Avis du Cons. d'État, cités par Vuillefroy).

Les sonneries déterminées par un cas de péril commun ne sont point soumises aux usages ordinaires (*Ib.*).

194. *Le pasteur surveillera l'école primaire ou les écoles primaires de son ressort pour ce qui concerne les enfants protestants, et en particulier pour leur instruction religieuse* (Loi du 15 mars 1850, 44).

Dans toutes les communes, où les différents cultes reconnus sont professés publiquement, des écoles séparées seront établies pour les enfants appartenant à chacun de ces cultes, sauf avis contraire du Conseil académique (*Ib.* 36; R. VII, 78).

L'entrée de l'école sera toujours ouverte au pasteur (*Ib.* 44; R. VII, 79; Lettre min. du 12 nov. 35; R. II, 115). Il devra veiller à ce que les leçons s'y fassent avec régularité, à ce que l'instruction y soit donnée avec soin, et à ce que les enfants s'y rendent assidûment; il s'en assurera par des visites fréquentes (R. I, 167; X, 35).

Il se concertera chaque année avec le maire pour dresser la liste préparatoire des enfants qui devront être admis gratuitement dans les écoles publiques (Loi du 15 mars 1850, 45; R. VII, 79) conformément au chiffre maximum établi par le préfet (D. du 31 déc. 1853). Il n'y a pas lieu d'accorder à cet effet aucune subvention des caisses de fabrique ou d'aumônes (R. VIII, 98).

Le pasteur produira une fois par an, devant le Consistoire, un rapport écrit concernant l'instruction religieuse dans les écoles du ressort de la paroisse (R. I, 178, 221; III, 157).

Si le pasteur a été investi, par le Conseil académique, des fonctions de *délégué cantonal*, il exercera comme tel une surveillance encore plus directe sur toutes les écoles que l'autorité académique lui aura désignées, et pourra prendre part, avec voix consultative, aux séances du Conseil susdit, pour les affaires concernant les écoles de sa circonscription (Loi du 15 mars 1850; R. VII, 79; D. du 29 juill. 1850; du 7 oct. 1850; du 31 déc. 1853).

c) **Costume, correspondance, congés, secours.**

195. *Les pasteurs useront, dans les cérémonies religieuses, des habits et ornements convenables à leur titre* (G. C. 42).

Le costume que le pasteur de la Confession d'Augsbourg portera dans l'exercice de ses fonctions sera conforme au modèle déposé au secrétariat du Directoire (R. V, 61).

Les robes d'église seront à la charge des comptes de fabrique ou d'aumônes, lorsque la situation de ces caisses le permettra. Dans le cas contraire on devra recourir aux budgets communaux (R. III, 119).

Le port, par un individu qui n'est point pasteur, de divers ornements faisant partie du costume des ministres de l'Évangile, constitue un délit prévu par la loi, et sera puni d'un emprisonnement de six mois à deux ans (Lettre min. du 14 messid. X; C. P. 259).

196. *La correspondance des pasteurs, exclusivement relative au service de l'Église, est admise à circuler en franchise par la poste* (Ord. roy. du 17 nov. 1844).

Le pasteur correspondra en franchise avec l'inspecteur ecclésiastique de son ressort, le président du Consistoire, le président du Directoire, les inspecteurs et les sous-inspecteurs des écoles primaires du département, le préfet, le sous-préfet et les maires des communes comprises dans le ressort paroissial (*Ib.*, R. III, 147, 155; Ord. roy. du 27 nov. 1845; R. IV, 12; Circ. min. du 31 mai 1850; R. VII, 109).

Les lettres et paquets seront sous bande et contresignés; la largeur de la bande n'excédera pas le tiers de la surface des lettres (Ord. roy. du 17 nov. 1844; R. III, 149, 150; comp. II, 122).

En correspondant avec le Directoire, le pasteur se servira de l'intermédiaire du Consistoire et de l'Inspecteur ecclésiastique. Dans des cas exceptionnels il pourra correspondre directement.

Le président du Consistoire pourra encore correspondre en franchise avec le doyen de la faculté de théologie (Circ. min. du 11 mai et du 18 août 1846; R. IV, 53; VII, 110).

197. *Il y aura égalité parfaite de rang entre les pasteurs* (D. du 4 mai 1807).

C'est-à-dire qu'ils auront tous des droits égaux, sauf les fonctions de président de Consistoire ou d'inspecteur (R. II, 164).

De plus, comme parmi les différents ministres desservant une même paroisse, il y a, par ordre de date, une certaine succession, le pasteur avancera dans le cas où, servant une église de ce genre, il survit à un collègue appelé avant lui à la paroisse. Il aura alors le choix du presbytère (R. II, 163), une place supérieure aux services divins, à la célébration de la Sainte-Cène, aux funérailles et dans le Conseil presbytéral (R. I, 183); et quant au traitement, il aura droit à celui attribué à la place du pasteur défunt, à partir du jour du décès de l'ancien titulaire (R. II, 165).

198. *Les pasteurs seront tenus de résider dans leurs paroisses. Ils ne pourront les quitter sans la permission de l'autorité ecclésiastique supérieure* (G. C. 29 et 34).

Nul pasteur lorsqu'il n'exercera pas de fait dans la commune qui lui aura été assignée, ne pourra toucher son traitement (Loi du 23 avril 1833).

L'*absence temporaire* du pasteur, et pour cause légitime, du lieu où il est tenu de résider, pourra être autorisée par le Consistoire sans qu'il en résulte décompte sur le traitement, si l'absence ne doit pas excéder huit ou quinze jours[1]. L'autorisation s'accorde dans ce cas, sans que le Consistoire soit tenu d'en référer à l'autorité supérieure (Ord. roy. du 13 mars 1832; Arr. min. de 8 janv. 1833; R. I, 91; Instr. min. du 5 oct. 1835; R. I, 92; R. IV, 36; Règlem. minist. du 31 déc. 1841; R. IV, 133 avec la page XVII de la lettre d'accompagnement aux préfets).

1. Huit jours, d'après la décision ministérielle la plus récente (R. IV, 133), quinze jours, d'après d'autres dispositions ministérielles plus anciennes (R. I, 92) établissant en faveur des pasteurs une exception qui communément n'est pas considérée comme annulée par le règlement postérieur.

Passé ce délai et jusqu'à celui d'un mois, le *congé* devra être notifié quinze jours au moins à l'avance au Directoire qui en fera part au préfet. L'autorisation de ce magistrat ne sera pas nécessaire, mais il pourra s'opposer s'il ne juge pas le motif d'absence fondé (*Ib.*).

Si l'absence doit se prolonger au delà d'un mois, la demande, appuyée d'une délibération consistoriale et d'une notification de la manière dont il sera pourvu au service par des arrangements approuvés par le Consistoire, devra parvenir au Directoire au moins un mois avant l'époque présumée du départ, et par son entremise au Ministre qui seul pourra l'accorder (*Ib.*).

En cas d'urgence le pasteur obligé de quitter momentanément son poste, en référera sur-le-champ au Directoire ou au Consistoire réformé, pour être statué ce qu'il appartiendra (R. I, 93).

Si ces formalités ne sont pas observées il y aura lieu à décompte pour tout le temps de l'absence non autorisée; ce décompte frappera également le pasteur qui aura dépassé son congé (*Ib.*).

199. *Secours divers accordés à des pasteurs ou à leurs veuves.*

a) *Secours du Gouvernement à des pasteurs.*

Un pasteur infirme pourra être aidé par des secours du Gouvernement dans l'entretien de son vicaire (Règlem. min. du 31 déc. 1841, 198—202, 215, 217; R. IV, 139—145), après qu'il aura produit à l'appui de sa demande une délibération consistoriale (R. II, 8) et les pièces nécessaires pour constater sa situation (R. VII, 66; VIII, 12). La demande passera par l'intermédiaire du Directoire et du préfet (R. I, 117). Le secours accordé ne devra jamais être considéré comme une pension viagère, au contraire la demande devra être renouvelée chaque année (*Ib.* et III, 73). Elle pourra être favorablement accueillie alors même que le pasteur se sera entièrement démis de ses fonctions (R. III, 73). Les Consistoires veilleront aux mutations qui auront lieu dans le personnel de ceux qui obtiennent ces secours (R. I, 195). Les délibérations des Consistoires sur la position des impétrants seront explicites et détaillées, afin de faciliter la classification des demandes, et pour que les autorités supérieures se trouvent mises à même de distinguer entre les plus nécessiteux. Il importe que les demandes parviennent au Ministre avant le 4e ou le 9e mois de l'année (Circ. min, du 26 mai 1853). Les secours seront calculés selon les ressources du budget.

b) *Autres secours aux pasteurs.*

La société de secours formée à Strasbourg sous le nom de *société de l'Eméritat* pour les pasteurs infirmes des deux communions protestantes, autorisée par Décret du 15 juin 1850, est prête à venir en aide au pasteur reçu au nombre de ses membres, dans le cas où des infirmités graves ne lui permettront plus de continuer ses fonctions (R. VII, 143).

Les *fabriques d'églises* qui se trouveront avoir des ressources suffisantes pourront voter des allocations à la Société de l'Éméritat.

c) *Secours à des veuves de pasteurs.*

Jouissant du bénéfice de la reconnaissance que l'Église voue à la mémoire de ses ministres, les veuves des pasteurs participeront, après les formalités voulues, aux secours distribués par le Gouvernement (R. III, 73). Elles pourront également toucher une pension sur l'une des *Caisses des veuves de pasteurs* (à Strasbourg; à Bouxwiller R. I, 48; à Harskirchen; à Montbéliard R. XI, 24, 100; à Bordeaux) où le ministre décédé aura été actionnaire; caisses qui elles-mêmes pourront être subventionnées par les fabriques (R. II, 71).

APPENDICE.

Loi du 18 germinal an X.

Articles organiques des cultes protestants.

TITRE PREMIER.

Dispositions générales pour toutes les communions protestantes.

Art. I. — Nul ne pourra exercer les fonctions du culte, s'il n'est Français.

II. Les églises protestantes ni leurs ministres ne pourront avoir des relations avec aucune puissance ni autorité étrangère.

III. Les pasteurs et les ministres des diverses communions protestantes prieront et feront prier, dans la récitation de leurs offices, pour la prospérité de la République française et pour les Consuls.

IV. Aucune décision doctrinale ou dogmatique, aucun formulaire sous le titre de *confession*, ou sous tout autre titre, ne pourront être publiés ou devenir la matière de l'enseignement, avant que le Gouvernement en ait autorisé la publication ou promulgation.

V. Aucun changement dans la discipline n'aura lieu sans la même autorisation.

VI. Le Conseil d'État connaîtra de toutes les entreprises des ministres du culte et de toutes dissensions qui pourront s'élever entre ces ministres.

VII. Il sera pourvu au traitement des pasteurs des églises consistoriales; bien entendu qu'on imputera sur ce traitement les biens que ces églises possèdent et le produit des oblations établies par l'usage ou par des règlements.

VIII. Les dispositions portées par les articles organiques du culte catholique, sur la liberté des fondations et sur la nature des biens qui peuvent en être l'objet, seront communes aux Églises protestantes.

IX. Il y aura deux académies ou séminaires dans l'est de la France pour l'instruction des ministres de la Confession d'Augsbourg.

X. Il y aura un séminaire à Genève pour l'instruction des ministres des Églises réformées.

XI. Les professeurs de toutes les académies ou séminaires seront nommés par le premier consul.

XII. Nul ne pourra être élu ministre ou pasteur d'une église de la confession d'Augsbourg, s'il n'a étudié pendant un temps déterminé dans un des séminaires français destinés à l'instruction des ministres de cette confession, et s'il ne rapporte un certificat en bonne forme constatant son temps d'étude, sa capacité et ses bonnes mœurs.

XIII. On ne pourra être élu ministre ou pasteur d'une église réformée, sans avoir étudié dans le séminaire de Genève, et si on ne rapporte un certificat dans la forme énoncée dans l'article précédent.

XIV. Les règlements sur l'administration et la police intérieure des séminaires, sur le nombre et la qualité des professeurs, sur la manière d'enseigner et sur les objets d'enseignement, ainsi que sur la forme des certificats ou attestations d'étude, de bonne conduite et de capacité, seront approuvés par le Gouvernement.

TITRE II.

Des Églises réformées.

Section 1re. — *De l'organisation générale de ces Églises.*

XV. Les églises réformées de France auront des pasteurs, des consistoires locaux et des synodes.

XVI. Il y aura une église consistoriale par six mille âmes de la même communion.

XVII. Cinq églises consistoriales formeront l'arrondissement d'un synode.

Section 2. — *Des pasteurs et des consistoires locaux.*

XVIII. Le consistoire de chaque église sera composé du pasteur ou des pasteurs desservant cette église, et d'anciens ou notables laïques, choisis parmi les citoyens les plus imposés au rôle des contributions directes. Le nombre de ces notables ne pourra être au-dessous de six, ni au-dessus de douze.

XIX. Le nombre des ministres ou pasteurs dans une même église consistoriale ne pourra être augmenté sans l'autorisation du Gouvernement.

XX. Les consistoires veilleront au maintien de la discipline, à l'administration des biens de l'église et à celle des deniers provenant des aumônes.

XXI. Les assemblées des consistoires seront présidées par le pasteur ou par le plus ancien des pasteurs. Un des anciens ou notables remplira les fonctions de secrétaire.

XXII. Les assemblées ordinaires des consistoires continueront de se tenir aux jours marqués par l'usage.

Les assemblées extraordinaires ne pourront avoir lieu sans la permission du sous-préfet, ou du maire en l'absence du sous-préfet.

XXIII. Tous les deux ans, les anciens du consistoire seront renouvelés par moitié. A cette époque les anciens en exercice s'adjoindront un nombre égal de citoyens protestants, chefs de famille, et choisis parmi les plus imposés au rôle des contributions directes, de la commune où l'église consistoriale sera située, pour procéder au renouvellement. Les anciens sortant pourront être réélus.

XXIV. Dans les églises où il n'y a point de consistoire actuel il en sera formé un. Tous les membres seront élus par la réunion des vingt-cinq chefs de famille protestants les plus imposés au rôle des contributions directes; cette réunion n'aura lieu qu'avec l'autorisation et en la présence du préfet ou du sous-préfet.

XXV. Les pasteurs ne pourront être destitués qu'à la charge de présenter les motifs de la destitution au Gouvernement, qui les approuvera ou les rejettera.

XXVI. En cas de décès, ou de démission volontaire, ou de destitution confirmée d'un pasteur, le consistoire formé de la manière prescrite par l'article 18, choisira à la pluralité des voix pour le remplacer.

Le titre d'élection sera présenté au premier Consul par le Conseiller d'État chargé de toutes les affaires concernant les cultes, pour avoir son approbation.

L'approbation donnée, il ne pourra exercer qu'après avoir prêté, entre les mains du préfet, le serment exigé des ministres du culte catholique.

XXVII. Tous les pasteurs actuellement en exercice sont provisoirement confirmés.

XXVIII. Aucune église ne pourra s'étendre d'un département dans un autre.

Section 3. — *Des synodes.*

XXIX. Chaque synode sera formé du pasteur ou d'un des pasteurs, et d'un ancien ou notable de chaque église.

XXX. Les synodes veilleront sur tout ce qui concerne la célébration du culte, l'enseignement de la doctrine et la conduite des affaires ecclésiastiques. Toutes les décisions qui émaneront d'eux, de quelque nature qu'elles soient, seront soumises à l'approbation du Gouvernement.

XXXI. Les synodes ne pourront s'assembler que lorsqu'on en aura rapporté la permission du Gouvernement.

On donnera connaissance préalable au Conseiller d'État chargé de toutes les affaires concernant les cultes, des matières qui devront y être traitées. L'assemblée sera tenue en présence du préfet ou du sous-préfet; et une expédition du procès-verbal des délibérations sera adressée par le préfet au Conseiller d'Etat chargé de toutes les affaires concernant les cultes, qui, dans le plus court délai, en fera son rapport au Gouvernement.

XXXII. L'assemblée d'un synode ne pourra durer que six jours.

TITRE III.

De l'organisation des Églises de la Confession d'Augsbourg.

Section 1re. — *Dispositions générales.*

XXXIII. Les églises de la confession d'Augsbourg auront des pasteurs, des consistoires locaux, des inspections et des consistoires généraux.

Section 2. — *Des Ministres ou Pasteurs, et des Consistoires locaux de chaque Église.*

XXXIV. On suivra relativement aux pasteurs, à la circonscription et au régime des églises consistoriales, ce qui a été prescrit par la section II du titre précédent pour les pasteurs et pour les églises réformées.

Section 3. — *Des inspections.*

XXXV. Les églises de la Confession d'Augsbourg seront subordonnées à des inspections.

XXXVI. Cinq églises consistoriales formeront l'arrondissement d'une inspection.

XXXVII. Chaque inspection sera composée du ministre et d'un ancien ou notable de chaque église de l'arrondissement; elle ne pourra s'assembler que lorsqu'on en aura rapporté la permission du Gouvernement; la première fois qu'il écherra de la convoquer, elle le sera par le plus ancien des ministres desservant les églises de l'arrondissement. Chaque inspection choisira dans son sein deux laïques et un ecclésiastique qui prendra le titre d'inspecteur, et qui sera chargé de veiller sur les ministres et sur le maintien du bon ordre dans les églises particulières.

Le choix de l'inspecteur et de deux laïques sera confirmé par le premier Consul.

XXXVIII. L'inspection ne pourra s'assembler qu'avec l'autorisation du Gouvernement, en présence du préfet ou du sous-préfet, et après avoir donné connaissance préalable au Conseiller d'État chargé de toutes les affaires concernant les cultes, des matières que l'on se proposera d'y traiter.

XXXIX. L'inspecteur pourra visiter les églises de son arrondissement; il s'adjoindra les deux laïques nommés avec lui, toutes les fois que les circonstances l'exigeront; il sera chargé de la convocation de l'assemblée générale de l'inspection. Aucune décision émanée de l'assemblée générale de l'inspection ne pourra être exécutée sans avoir été soumise à l'approbation du Gouvernement.

Section 4. — *Des consistoires généraux.*

XL. Il y aura trois consistoires généraux, l'un à Strasbourg, pour les protestants de la Confession d'Augsbourg des départements du Haut- et Bas-Rhin; l'autre à Mayence pour ceux des départements de la Sarre et du Mont-Tonnerre; et le troisième à Cologne pour ceux des départements de Rhin-et-Moselle, et de la Roër.

XLI. Chaque consistoire sera composé d'un président laïque protestant, de deux ecclésiastiques inspecteurs, et d'un député de chaque inspection.

Le président et les deux ecclésiastiques inspecteurs seront nommés par le premier consul.

Le président sera tenu de prêter, entre les mains du premier Consul, ou du fonctionnaire public qu'il plaira au premier Consul de déléguer à cet effet, le serment exigé des ministres du culte catholique.

Les deux ecclésiastiques inspecteurs et les membres laïques prêteront le même serment entre les mains du président.

XLII. Le consistoire général ne pourra s'assembler que lorsqu'on en aura rapporté la permission du Gouvernement, et qu'en présence du préfet ou du sous-préfet; on donnera préalablement connaissance au Conseiller d'État chargé de toutes les affaires concernant les cultes, des matières qui devront y être traitées. L'assemblée ne pourra durer plus de six jours.

XLIII. Dans le temps intermédiaire d'une assemblée à l'autre, il y aura un directoire composé du président, du plus âgé des deux ecclésiastiques inspecteurs, et de trois laïques, dont un sera nommé par le premier Consul; les deux autres seront choisis par le consistoire général.

XLIV. Les attributions du consistoire général et du directoire continueront d'être régies par les règlements et coutumes des églises de la confession d'Augsbourg, dans toutes les choses auxquelles il n'a point été formellement dérogé par les lois de la République et par les présents articles.

Décret du 26 mars 1852

portant réorganisation des cultes protestants.

CHAPITRE PREMIER.

DISPOSITIONS COMMUNES AUX DEUX CULTES PROTESTANTS.

Art. 1. Chaque paroisse ou section d'Église consistoriale a un Conseil presbytéral composé de quatre membres laïques au moins, de sept au plus, et présidé par le pasteur ou par l'un des pasteurs. Il y a une paroisse partout ou l'État rétribue un ou plusieurs pasteurs.

Les Conseils presbytéraux administrent les paroisses sous l'autorité des Consistoires. Ils sont élus par le suffrage paroissial, et renouvelés par moitié tous les trois ans. Sont électeurs les membres de l'église portés sur le registre paroissial.

Art. 2. Les Conseils presbytéraux des chefs-lieux de circonscriptions consistoriales recevront du Gouvernement le titre de Consistoires et les pouvoirs qui y sont attachés.

Dans ce cas, le nombre des membres du Conseil presbytéral sera doublé.

Tous les pasteurs du ressort consistorial seront membres du Consistoire, et chaque Conseil presbytéral y nommera un délégué laïque.

Art. 3. Le Consistoire est renouvelé, tous les trois ans, comme le Conseil presbytéral. Après chaque renouvellement il élit son président parmi les pasteurs qui en sont membres, et l'élection est soumise à l'agrément du Gouvernement.

Le président devra, autant que possible, résider au chef-lieu du ressort.

Lorsqu'il aura atteint l'âge de soixante et dix ans ou qu'il se trouvera empêché par des infirmités, le Gouvernement pourra, après avis du Consistoire, lui donner le titre de président honoraire, et le Consistoire fera un nouveau choix.

Art. 4. Les Protestants des localités où le Gouvernement n'a pas encore institué de pasteur seront rattachés administrativement au Consistoire le plus voisin.

CHAPITRE II.

DISPOSITIONS SPÉCIALES A L'ÉGLISE RÉFORMÉE.

Art. 5. Les pasteurs de l'Église réformée sont nommés par le Consistoire; le Conseil presbytéral de la paroisse intéressée pourra présenter une liste de trois candidats classés par ordre alphabétique.

Art. 6. Il est établi, à Paris, un Conseil central des églises réformées de France.

Ce Conseil représente les églises auprès du Gouvernement et du Chef de l'État. Il est appelé à s'occuper des questions d'intérêt général dont il est chargé par l'administration ou par les églises, et notamment à concourir à l'exécution des mesures prescrites par le présent décret.

Il est composé, pour la première fois, de notables protestants nommés par le Gouvernement, et des deux plus anciens pasteurs de Paris.

Art. 7. Lorsqu'une chaire de professeur de la Communion réformée vient à vaquer dans les Facultés de théologie, le Conseil central recueille les votes des Consistoires, et les transmet, avec son avis, au Ministre.

CHAPITRE III.

DISPOSITIONS SPÉCIALES A L'ÉGLISE DE LA CONFESSION D'AUGSBOURG.

Art. 8. Les Églises et les Consistoires de la Confession d'Augsbourg sont placés sous l'autorité du Consistoire supérieur ou général et du Directoire.

Art. 9. Le Consistoire supérieur est composé : 1° de deux députés laïques par inspection, qui peuvent être choisis en dehors de la circonscription inspectorale; 2° de tous les inspecteurs ecclésiastiques ; 3° d'un professeur du séminaire, délégué par ce corps; 4° du président du Directoire, qui est de droit président du Consistoire supérieur, et du membre laïque du Directoire nommé par le Gouvernement.

Art. 10. Le Consistoire supérieur est convoqué par le Gouvernement, soit sur la demande du Directoire, soit d'office. Il se réunit au moins une fois par an. A l'ouverture de la session, le Directoire présente le rapport de sa gestion.

Le Consistoire supérieur veille au maintien de la constitution et de la discipline de l'Église. Il fait ou approuve les règlements concernant le régime intérieur, et juge en dernier ressort les difficultés auxquelles leur application peut donner lieu. Il approuve les livres et formulaires liturgiques qui doivent servir au culte ou à l'enseignement religieux. Il a le droit de surveillance et d'investigation sur les comptes des administrations consistoriales.

Art. 11. Le Directoire est composé du président, d'un membre laïque et d'un Inspecteur ecclésiastique, nommés par le Gouvernement; de deux députés nommés par le Consistoire supérieur.

Le Directoire exerce le pouvoir administratif. Il nomme les pasteurs, et soumet leur nomination au Gouvernement. Il nomme les suffragants ou vicaires, et propose aux fonctions d'aumônier pour les établissements civils qui en sont pourvus. Il autorise ou ordonne, avec l'agrément du Gouvernement, le passage d'un pasteur d'une cure à une autre. Il exerce la haute surveillance sur l'enseignement et la discipline du séminaire et du collége protestant dit *Gymnase*. Il nomme les professeurs du Gymnase, sous l'approbation du Gouvernement, et ceux du séminaire, sur la proposition de ce dernier corps. Il donne son avis motivé sur les candidats aux chaires de la Faculté de théologie.

Art. 12. Les inspecteurs ecclésiastiques sont nommés par le Gouvernement, sur la présentation du Directoire. Ils reçoivent une indemnité pour frais d'administration et de déplacement et pour se faire assister dans leurs fonctions pastorales.

Art. 13. Le Consistoire supérieur de Strasbourg sera représenté dans la capitale, auprès du Gouvernement et du Chef de l'État, dans les circonstances officielles, par le Consistoire de Paris.

Le Directoire pourra désigner spécialement un notable laïque, résidant à Paris, pour le représenter conjointement avec le Consistoire.

CHAPITRE IV.

DISPOSITIONS GÉNÉRALES.

Art. 14. Une instruction du Ministre des Cultes et des règlements approuvés par lui détermineront les mesures et les détails d'exécution du présent décret.

Art. 15. Les articles organiques du 18 germinal an X sont confirmés en tout ce qu'ils n'ont pas de contraire aux articles ci-dessus.

Art. 16. Le Ministre Secrétaire d'État au département de l'instruction publique et des cultes est chargé de l'exécution du présent décret.

Arrêté ministériel du 10 sept. 1852

sur la composition et le mode d'élection des Conseils presbytéraux et des Consistoires dans les églises réformées et dans celles de la confession d'Augsbourg.

CHAPITRE PREMIER.

DES CONSEILS PRESBYTÉRAUX ET DES CONSISTOIRES.

Art. 1. Les Conseils presbytéraux institués par l'article 1er du décret du 26 mars 1852, seront composés ainsi qu'il suit :

1° Dans les églises réformées, il y aura cinq membres laïques pour les paroisses n'ayant qu'un pasteur; six, pour deux pasteurs; sept, pour trois pasteurs et au-dessus. Néanmoins, il n'y aura que quatre membres dans les communes n'ayant que 400 âmes de population totale ;

2° Dans les églises de la Confession d'Augsbourg, il y aura quatre membres laïques pour les paroisses au-dessous de 800 âmes; cinq, de 800 à 1,500 âmes; six, de 1,500 à 2,000 âmes; sept pour les paroisses de 2,000 âmes et au-dessus.

Art. 2. Pour que les Conseils presbytéraux des chefs-lieux de circonscription consistoriale puissent délibérer comme Consistoires, en exécution de l'article 2 du décret du 26 mars, le nombre des membres laïques dont ils se composent devra être porté au double, en observant les proportions indiquées dans l'article 1er du présent règlement.

Art. 3. Les membres ainsi appelés à compléter les Consistoires devront être élus dans les diverses paroisses, de manière à ce que chaque section n'envoie pas un nombre total de représentants laïques inférieur à celui des pasteurs qu'elle a le droit d'y faire siéger.

Les membres laïques que chaque paroisse sectionnaire pourra ainsi élire au Consistoire, en sus du délégué laïque qui lui est accordé par le §. 3 de l'article 1er du décret du 26 mars, seront, autant que possible, choisis au chef-lieu consistorial.

Art. 4. Les ascendants et descendants, les frères et alliés au même degré ne peuvent être membres du même Conseil presbytéral. Des dispenses pourront être accordées par le Ministre des cultes, sur l'avis du Conseil central des églises réformées ou du Directoire de la Confession d'Augsbourg, dans les paroisses ayant moins de soixante électeurs.

Art. 5. Les pasteurs auxiliaires et suffragants à divers titres, les aumôniers des lycées ou colléges, des hospices et prisons, peuvent être admis, sur l'autorisation du Ministre, à siéger dans le Conseil presbytéral et dans le Consistoire, desquels ils relèvent, avec voix consultative.

Art. 6. Les Conseils presbytéraux sont présidés par le pasteur le plus ancien dans la paroisse, et les Consistoires par un président qu'ils élisent, à chaque renouvellement consistorial, parmi les pasteurs de leur circonscription.

Un des membres laïques est chargé des fonctions de secrétaire.

En cas d'empêchement temporaire des pasteurs, le plus âgé des membres laïques ou anciens remplit provisoirement les fonctions de président.

Dans les églises de la Confession d'Augsbourg, le Directoire peut, sur la demande du Consistoire ou du Conseil presbytéral, nommer le président. Le président du Directoire, ou un membre délégué à cet effet, et l'Inspecteur ecclésiastique peuvent présider les séances des Conseils presbytéraux et des Consistoires.

Art. 7. Les Conseils presbytéraux et les Consistoires sont convoqués par leurs présidents au chef-lieu de leurs circonscriptions respectives, en séances ordinaires, au moins une fois par trimestre. Ils peuvent être convoqués extraordinairement, suivant les besoins du service et sur la demande motivée de deux membres, pour les Conseils presbytéraux; de trois membres ou d'un Conseil presbytéral, pour les Consistoires.

Tout ancien ou délégué laïque qui, sans motifs agréés, aura manqué à trois séances consécutives, sera réputé démissionnaire.

Art. 8. Les Conseils presbytéraux ne peuvent délibérer que lorsque la moitié au moins de leurs membres assistent à la séance.

Pour que les Consistoires puissent délibérer, il faut non-seulement que la moitié au moins des membres assistent à la séance, mais encore que la moitié au moins des pasteurs de section et de leurs délégués laïques soient présents.

Les membres présents signent au registre des délibérations, et leurs noms sont rapportés en tête des extraits du procès-verbal, lesquels sont signés par le président et le secrétaire.

CHAPITRE II.

DU REGISTRE PAROISSIAL ET DES ÉLECTEURS.

Art. 9. Conformément aux dispositions de l'article 2 du décret du 26 mars 1852, les Conseils presbytéraux sont nommés par les électeurs inscrits au registre paroissial. Pour être membre d'un Conseil presbytéral, il faut être électeur.

Art. 10. Sont inscrits sur le registre paroissial, sur leur demande, les protestants français qui, ayant trente ans révolus et deux ans de domicile dans la paroisse, établissent qu'ils appartiennent à l'Église réformée ou à celle de la Confession d'Augsbourg par les justifications que le Conseil central et le Directoire ont déterminées, en conformité avec les vœux de la majorité des Consistoires.

Les étrangers, après trois ans de résidence dans la paroisse, sont admis à se faire inscrire au registre paroissial aux mêmes conditions que les nationaux.

Art. 11. Toutes les incapacités édictées par les lois et entraînant la privation du droit électoral politique ou municipal font perdre le droit électoral paroissial.

Art. 12. En cas d'indignité notoire, la radiation ou l'omission du nom est prononcée par le Conseil presbytéral au scrutin secret, sans discussion, et seulement à l'unanimité des voix.

En cas d'appel, les Consistoires dans les églises réformées, et, dans celles de la Confession d'Augsbourg, le Directoire décident en dernier ressort.

Toute réclamation pour cause d'omisssion ou de radiation est d'abord adressée au Conseil presbytéral. Elle n'est prise en considération que si elle est personnelle, directe et formulée par écrit.

Art. 13. Le registre paroissial est ouvert le 1er janvier et clos le 31 décembre pour servir aux élections de l'année suivante.

Il est révisé tous les ans, au mois de décembre, en Conseil presbytéral.

Il est tenu en double et l'un des exemplaires est déposé aux archives, l'autre chez le pasteur président.

Les pasteurs et les membres de l'église peuvent toujours en prendre communication, sans que jamais le registre puisse être déplacé.

Art. 14. Tout membre de l'église, inscrit au registre paroissial, qui a transféré son domicile dans une autre paroisse, peut requérir l'extrait de son inscription. — Cette pièce, signée du président et du secrétaire, est adressée au Conseil presbytéral de la nouvelle résidence, et elle tient lieu des justifications exigées, hormis celle du domicile.

Dans les églises de la Confession d'Augsbourg, cette transmission se fera par l'intermédiaire du Directoire.

Art. 15. Les élections ont lieu au scrutin secret et à la majorité absolue des suffrages. Si la majorité absolue n'est pas acquise au premier tour de scrutin, une seconde élection a lieu, et, dans ce cas, la majorité relative suffit.

Art. 16. S'il y a partage égal de voix entre deux candidats, le plus âgé est déclaré élu. En cas de nomination de deux ou plusieurs parents ou alliés aux degrés prohibés, celui qui a réuni le plus de voix est élu.

Art. 17. Le vote a lieu sous la présidence d'un pasteur, ou, à défaut, d'un ancien désigné par le Conseil presbytéral. Deux électeurs désignés également par le Conseil presbytéral complètent le bureau. L'un deux remplit les fonctions de secrétaire.

Art. 18. Les bulletins seront écrits à la main, dans le lieu même du vote, soit par l'électeur, soit par un tiers qu'il en chargera. Ils contiendront autant de noms qu'il y aura d'anciens à élire.

Art. 19. Le Consistoire statue sur la validité des élections, informe le Préfet du résultat et adresse au Ministre des cultes une ampliation du procès-verbal général.

Dans les églises de la Confession d'Augsbourg, le Consistoire statue sous la réserve de l'approbation du Directoire. Les procès-verbaux sont envoyés à l'Inspecteur ecclésiastique, qui les transmet au Directoire. Après chaque renouvellement, le Directoire adresse au Ministre un tableau général.

Art. 20. Les Conseils presbytéraux sont renouvelés tous les trois ans, par moitié.

Le renouvellement, dans les paroisses où le nombre des anciens est impair, porte alternativement sur la plus forte et la plus faible moitié, en commençant par la plus forte.

Art. 21. Les membres sortants des Conseils presbytéraux et des Consistoires peuvent toujours être réélus.

Art. 22. Si une ou plusieurs places d'anciens deviennent vacantes au Conseil presbytéral, le Consistoire décide s'il y a lieu de faire procéder à une élection partielle. Dans la Confession d'Augsbourg, c'est le Directoire qui décide, sur l'avis du Consistoire.

L'élection ne peut être ajournée, si le Conseil presbytéral a perdu le tiers de ses membres.

CHAPITRE III.

DISPOSITIONS GÉNÉRALES ET TRANSITOIRES.

Art. 23. Pour la première fois, le registre paroissial sera dressé :

Dans l'église du chef-lieu, par le Consistoire actuel, qui s'adjoindra, à cet effet, un nombre de membres de l'église égal à celui des anciens;

Dans les paroisses sectionnaires, par le pasteur, assisté de quatre membres au moins de l'église, désignés par le Consistoire.

On se conformera d'ailleurs en tout aux dispositions du présent règlement.

Art. 24. La première élection des Conseils presbytéraux aura lieu le premier dimanche et le premier lundi du mois de décembre prochain.

Les Conseils, lorsqu'ils seront constitués, procéderont immédiatement à la nomination des délégués laïques mentionnés au §. 3 de l'article 2 du décret du 26 mars.

Art. 25. La première élection des délégués laïques appelés à doubler le nombre des membres des Conseils presbytéraux des chefs-lieux, conformément au §. 2 de l'article 2 du décret précité, aura lieu un mois après l'élection des Conseils presbytéraux.

Jusqu'à cette époque, les Consistoires actuels continueront à remplir leurs fonctions, et exerceront les attributions indiquées dans l'article 20 du présent règlement.

Art. 26. Lors du premier renouvellement triennal des Conseils presbytéraux, le sort désignera les membres sortants.

Art. 27. En exécution de l'article 2 du décret du 26 mars, les chefs-lieux actuels de consistoriale sont maintenus, sauf délimitations ultérieures des circonscriptions.

Les Conseils presbytéraux de ces chefs-lieux seront, sous les conditions ci-dessus établies, reconnus comme Consistoires et en auront les pouvoirs.

Arrêté ministériel du 10 nov. 1852

portant règlement d'exécution du décret du 26 mars 1852, en ce qui concerne les matières spéciales à l'administration de la Confession d'Augsbourg.

CHAPITRE I.er

ATTRIBUTIONS DES CONSEILS PRESBYTÉRAUX.

Art. 1.er Le Conseil presbytéral maintient l'ordre et la discipline dans tout le ressort paroissial, nomme les employés subalternes des églises, et veille à l'entretien des édifices religieux, à leur conservation et à celle des biens curiaux.

Art. 2. Il délibère sur l'acceptation des legs et donations faits à l'église, ou aux églises composant la paroisse.

Art. 3. Il administre les aumônes, quêtes, biens et revenus appartenant à l'église, ou aux églises de la circonscription paroissiale, à l'exception, toutefois, des biens et revenus qui seraient indivis entre plusieurs paroisses. Il dresse les budgets, vérifie et arrête les comptes, et propose au Consistoire l'emploi ou le placement des capitaux disponibles.

Art. 4. Aucun acte d'administration du Conseil presbytéral n'est valable qu'après examen et visa du Consistoire, qui en propose au Directoire l'approbation ou le rejet.

CHAPITRE II.

ATTRIBUTIONS DES CONSISTOIRES.

Art. 5. Le Consistoire veille au maintien du bon ordre et de la discipline dans les églises de sa circonscription; il s'assure de la conservation et de l'entretien de tous les biens et bâtiments confiés à la surveillance et à l'administration des Conseils presbytéraux de son ressort,

Art. 6. Il délibère sur l'acceptation des donations et legs faits au Consistoire ou confiés à son administration; donne son avis sur les délibérations des Conseils presbytéraux qui ont pour objet les donations et legs faits aux diverses églises de sa circonscription, et contrôle l'administration des Conseils presbytéraux.

Art. 7. Il administre seul les biens et revenus des églises de son ressort qui possèdent par indivision.

Art. 8. Toutes les délibérations du Consistoire, et tous les actes de son administration, ne sont valables qu'autant qu'elles ont reçu l'approbation du Directoire.

Art. 9. La gestion des biens et revenus de toutes les paroisses faisant partie d'un même Consistoire est confiée à un seul receveur nommé par le Directoire, sur la proposition du Consistoire. Ce receveur est tenu de fournir un cautionnement dont l'importance sera fixée par le Directoire.

Art. 10. Les Consistoires correspondent avec le Directoire par l'intermédiaire des inspecteurs ecclésiastiques.

CHAPITRE III.

NOMINATION DES PASTEURS.

Art. 11. Toute vacance ou création de cure est annoncée par insertion au Recueil officiel des actes du Directoire, et par tout autre moyen de publication que le Directoire juge nécessaire. Un délai est fixé pendant lequel les pasteurs et les candidats qui veulent se faire inscrire pour la cure vacante s'adressent au président du Directoire, soit par écrit, soit verbalement.

Art. 12. Les aspirants à la cure vacante ne sont pas admis à y prêcher pendant la vacance. D'un autre côté, la paroisse, le Conseil presbytéral et le Consistoire doivent s'abstenir de chercher, par pétitionnement, délibération ou tout autre acte officiel, à attirer sur un candidat la préférence du Directoire.

Art. 13. Le Directoire prend l'avis de l'inspecteur ecclésiastique sur l'état moral et religieux de la paroisse à pourvoir, et reste appréciateur de tous autres moyens subsidiaires, officiels ou non, de s'éclairer sur le choix à faire.

Il procède à la nomination, dans le mois qui suit l'expiration du délai fixé aux aspirants pour se présenter.

Il évite, autant que possible, de réunir, parmi les pasteurs d'un même Consistoire, des ascendants, des frères ou des alliés aux mêmes degrés.

Il accompagne l'envoi de son arrêté de nomination au Ministre d'un rapport dans lequel il expose les motifs de la préférence qu'il a donnée au pasteur nommé.

CHAPITRE IV.

INSPECTEURS ECCLÉSIASTIQUES ET LAÏQUES.

Art. 14. L'inspecteur ecclésiastique est nommé sur une liste de trois candidats envoyée au Gouvernement par le Directoire et accompagnée d'un rapport.

Art. 15. Les attributions de l'inspecteur ecclésiastique sont les suivantes :

Il convoque et préside les assemblées d'inspection légalement autorisées.

Il visite chaque paroisse de son ressort, une fois au moins tous les quatre ans, assisté, s'il y a lieu, des inspecteurs laïques, ou de l'un d'eux seulement.

Sur l'autorisation du Directoire, il ordonne les candidats au ministère évangélique, installe les pasteurs et les vicaires, et consacre, soit en personne, soit par délégation, les églises nouvellement construites.

Il prêche, quand il le juge convenable, dans les églises de son inspection.

Il a le droit de présider accidentellement, avec voix consultative, les Consistoires de son ressort, à l'exception de celui auquel il appartient comme simple membre.

Il soumet à l'approbation du Consistoire supérieur les livres qui doivent servir à l'enseignement religieux et au culte dans le ressort de l'inspection, et veille à ce qu'il en soit fait usage à l'exclusion de tous autres non autorisés.

Il donne son avis au Directoire sur l'état moral et les besoins religieux d'une paroisse qui est à pourvoir d'un pasteur.

Il adresse au Directoire, dans le premier trimestre de chaque année et pour l'année précédente, un rapport détaillé sur les paroisses de l'inspection, sur leur état moral et religieux, sur l'action qu'y exercent les pasteurs, sur la manière dont ils remplissent leur ministère, sur le soin qu'ils donnent à l'instruction religieuse, sur l'administration des Consistoires et des Conseils presbytéraux, sur l'état des biens et bâtiments, etc., etc.

Ce rapport général est indépendant des rapports particuliers que les circonstances peuvent rendre nécessaires dans le courant de l'année.

Art. 16. Les inspecteurs laïques sont les auxiliaires de l'inspecteur ecclésiastique et le remplacent, en cas d'absence ou d'empêchement, pour toutes les fonctions qui ne tiennent pas du caractère ecclésiastique.

Art. 17. Les fonctions que les inspecteurs laïques peuvent être appelés à partager avec les inspecteurs ecclésiastiques ont pour objet :

La conduite des pasteurs, des vicaires, des aumôniers, des candidats au ministère évangélique, consacrés ou non, des étudiants en théologie;

La manière dont le culte s'exerce et dont les fonctions pastorales sont remplies;

L'état moral et religieux des paroisses;

En général, tout ce qui touche à l'ordre, à la discipline, à l'administration de l'église, au maintien des formes du culte, à l'état des édifices et des biens confiés à l'administration et à la surveillance des Conseils presbytéraux et des Consistoires.

Les inspecteurs laïques peuvent être directement consultés et chargés de missions par le Directoire.

Art. 18. Les inspecteurs laïques et les députés laïques au Consistoire supérieur sont membres de droit de l'inspection dont ils ont reçu leur mandat, quand même ils auraient été choisis en dehors de sa circonscription.

CHAPITRE V.

DISCIPLINE ECCLÉSIASTIQUE.

Art. 19. En matière disciplinaire, le Directoire peut être saisi :

1° Par la notoriété publique;

2° Par la plainte de la partie lésée;

3° Par une délibération du Consistoire ou du conseil presbytéral;

4° Par un rapport de l'inspecteur ecclésiastique ou d'un inspecteur laïque;

5° Par une communication du Gouvernement.

Art. 20. Sauf le cas d'urgence dont il sera parlé ci-après, le Directoire charge l'inspecteur ecclésiastique de recueillir des renseignements, et de lui faire un rapport dans le plus bref délai. Sur le vu de ce rapport, le Directoire décide s'il y a lieu ou non de donner suite à l'action disciplinaire. Dans le premier cas, il commet l'inspecteur ecclésiastique pour procéder à l'enquête, assisté, soit des inspecteurs laïques, soit de l'un d'eux seulement, soit de tel délégué qu'il jugerait à propos d'adjoindre à l'inspecteur. L'enquête sera faite sur les lieux et consignée au procès-verbal ouvert par l'inspecteur, et qui devra être signé par les commissaires et les témoins.

Art. 21. L'inspecteur transmet immédiatement le procès-verbal au Directoire, avec telles observations et conclusions qu'il croit devoir présenter. Le Directoire mande devant lui l'inculpé, l'entend dans ses moyens de défense, lui adresse telles questions qu'il juge convenable, et dresse du tout un procès-verbal qui est signé par l'inculpé, ou qui mentionne son refus de signer.

Art. 22. L'inculpé, indépendamment de ses explications verbales devant le Directoire, est admis à présenter un mémoire justicatif dans la quinzaine qui suivra sa comparution. Ce délai expiré, le Directoire statue.

Art. 23. Dans tous les cas d'urgence, le Directoire est autorisé à mander immédiatement devant lui l'inculpé, et, après l'avoir entendu, à le suspendre provisoirement de ses fonctions pastorales, sauf, s'il y a lieu, à procéder par lui-même ou par les intermédiaires ordinaires à l'enquête mentionnée en l'article 20.

Art. 24. Le Directoire prononce contre les pasteurs les peines suivantes;

1° La réprimande simple;

2° La réprimande avec censure;

3° La suspension temporaire avec ou sans traitement : dans ce dernier cas, la privation de traitement doit être approuvée par le Gouvernement, et le pasteur suspendu est tenu de verser le traitement dont il est privé entre les mains du vicaire que le Directoire lui a donné d'office;

4° L'incapacité d'être jamais appelé aux fonctions de président de Consistoire et d'inspecteur ecclésiastique;

5° La destitution.

Toutefois, le Directoire ne peut prendre un arrêté de destitution qu'après y avoir été autorisé par le Gouvernement, sur le vu du dossier.

Le pasteur destitué est rayé de la liste des pasteurs de la Confession d'Augsbourg.

Art. 25. En cas de démission d'un pasteur pendant le cours des poursuites disciplinaires, le Directoire apprécie, s'il y a lieu ou non, de prononcer sa radiation.

Art. 26. Les mesures disciplinaires qui précèdent sont applicables à tout ecclésiastique en fonctions. Les candidats au ministère évangélique peuvent être frappés de l'une des deux premières peines et rayés de la liste des candidats.

Art. 27. Indépendamment des prescriptions du présent règlement, le Consistoire supérieur et le Directoire prennent, dans la limite de leurs attributions, les dispositions qu'ils jugent nécessaires.

Arrêté ministériel du 20 mai 1853

sur les attributions des Conseils presbytéraux et des Consistoires des Églises réformées.

CHAPITRE I.er

Attributions des Conseils presbytéraux.

Art. 1.er Le Conseil presbytéral maintient l'ordre et la discipline dans la paroisse.

Il veille à l'entretien des édifices religieux, et administre les biens de l'église.

Il administre également les deniers provenant des aumônes.

Il présente des candidats aux places de pasteurs qui viennent à vaquer ou à être créées.

Il nomme, sous réserve de l'approbation du Consistoire, les pasteurs auxiliaires, et agrée, sous la même réserve, les suffragants proposés par les pasteurs.

Il accepte, sous l'approbation de l'autorité supérieure, les legs ou donations faits aux églises de son ressort.

Art. 2. Le Conseil presbytéral soumet au Consistoire les actes d'administration et les demandes qui, par leur nature, exigent l'approbation ou la décision de l'autorité supérieure.

Sont également soumises au Consistoire toutes difficultés entre les pasteurs et les Conseils presbytéraux.

Art. 3. Le Conseil presbytéral est présidé par le plus ancien des pasteurs de la paroisse.

Il nomme, à la majorité absolue, parmi ses membres laïques, un secrétaire et un trésorier.

Art. 4. Le secrétaire rédige les procès-verbaux des séances du Conseil. Il est chargé de la tenue des registres, de la garde et de la conservation des archives. Il signe avec le président tous les actes qui émanent du Conseil.

Le trésorier est chargé du recouvrement des deniers de l'église et paie toutes les dépenses régulièrement autorisées.

Art. 5. Le Conseil presbytéral dresse, au mois de novembre de chaque année, pour l'année suivante le budget de ses recettes et de ses dépenses.

Il vérifie et arrête les comptes qui sont rendus, à l'expiration de chaque année, par le trésorier.

Ces budgets et ces comptes sont soumis à l'approbation du Consistoire.

CHAPITRE II.

Attributions des Consistoires.

Art. 6. Le Consistoire transmet au Gouvernement, avec son avis, les délibérations des Conseils presbytéraux mentionnées en l'article 2 ci-dessus.

Il veille à la célébration régulière du culte, au maintien de la liturgie et de la discipline, et à l'expédition des affaires dans les diverses paroisses de son ressort.

Il surveille l'administration des biens des paroisses et administre les biens consistoriaux.

Il accepte, sous l'approbation de l'autorité supérieure, les legs et donations faits au Consistoire ou indivisément aux églises de son ressort.

Il arrête les budgets, vérifie et approuve les comptes de ces conseils.

Art. 7. Le Consistoire nomme, conformément aux dispositions de l'article 5 du décret du 26 mars 1852, aux places de pasteurs qui viennent à vaquer dans les églises de son ressort, et propose au Gouvernement la création de places nouvelles.

Art. 8. Le Consistoire élit à chaque renouvellement, son président parmi les pasteurs de la consistoriale, et parmi ses membres laïques, un secrétaire et un trésorier.

Le secrétaire et le trésorier du Consistoire remplissent des fonctions analogues à celles qui ont été déterminées par l'article 4 pour le secrétaire et le trésorier des Conseils presbytéraux.

Les fonctions de trésorier du Consistoire peuvent être confiées au trésorier du Conseil presbytéral du chef-lieu.

Art. 9. Le Consistoire dresse, au mois de décembre de chaque année, le budget de ses recettes et de ses dépenses pour l'année suivante.

Il vérifie et arrête les comptes qui sont rendus, à l'expiration de chaque année, par son trésorier.

DISPOSITION GÉNÉRALE.

Art. 10. En cas de partage dans les délibérations des Conseils presbytéraux ou des Consistoires, le président a voix prépondérante.

TABLEAU SOMMAIRE

des priviléges et des conditions de la reconnaissance légale des cultes protestants.

I. *Principaux priviléges conférés par l'État aux cultes protestants reconnus.*

Le Gouvernement veille à ce que les besoins religieux des populations des cultes reconnus reçoivent satisfaction. A cet effet :

Un traitement est assuré aux pasteurs.

Un logement leur est attribué.

Partout où besoin sera, des temples sont affectés au culte, à titre d'usufruit, et entretenus, s'il le faut, par l'État ou la commune.

Les paroisses sont assimilées à des personnes civiles susceptibles de posséder, d'acquérir, d'aliéner.

Une protection spéciale est garantie au culte et à ses ministres.

Les pasteurs sont exempts du service militaire et de celui de la garde nationale.

Des secours sont accordés pour subvenir aux besoins du culte.

Des secours sont accordés aux pasteurs infirmes.

Des séminaires et des facultés sont entretenus aux frais de l'État, pour la préparation des candidats aux fonctions du saint ministère.

II. *Principales conditions qui correspondent à ces priviléges, et qui sont attachées à la reconnaissance légale dans le double intérêt de l'État et de la religion.*

Il faut que le pasteur soit Français.

Il faut qu'il réside au siége même de ses fonctions.

Il faut qu'il accomplisse tous les devoirs de sa charge.

L'organisation administrative des cultes, la détermination des circonscriptions, celles du nombre des temples, ne seront établies ou changées qu'avec le concours de l'État.

Les paroisses ne pourront recevoir de libéralités qu'avec l'autorisation de l'État.

Les achats, les aliénations, les emplois de capitaux en rentes, en réparations ou en constructions n'auront lieu qu'avec la même autorisation.

Les bases du dogme et de la discipline ne pourront être changées sans l'aveu du pouvoir politique.

La nomination des pasteurs sera soumise à la sanction du Gouvernement.

Les décisions des autorités ecclésiastiques supérieures ne seront promulguées qu'après avoir reçu cette même sanction.

TABLEAU SYNOPTIQUE

de l'organisation de l'Église de la Confession d'Augsbourg.

---

1. *Le Consistoire supérieur.*

Sont membres à vie du Consistoire supérieur:

Le président	1
Deux députés laïques de chacune des 8 inspections	16
Les inspecteurs ecclésiastiques	8
Un professeur du séminaire délégué par ce corps	1
Un membre laïque nommé par le Gouvernement	1
(Un secrétaire sans voix délibérative.)	
Total des membres ayant voix délibérative	27

2. *Le Directoire.*

Sont membres à vie du Directoire:

Le président	1
Deux députés nommés par le Consistoire supérieur	2
Un inspecteur ecclésiastique nommé par le Gouvernement	1
Un membre laïque nommé par le Gouvernement	1
(Un secrétaire sans voix délibérative.)	
Total des membres ayant voix délibérative	5

3. *Huit assemblées inspectorales.*

Sont membres de l'assemblée d'inspection (dont la partie laïque est renouvelée à chaque convocation):

1° Tous les pasteurs des paroisses du ressort.

2° Un égal nombre de laïques désignés par les Consistoires et par eux choisis dans leur propre sein.

4. *Quarante-quatre Consistoires.*

Sont membres du Consistoire (dont la partie laïque est renouvelée par moitié tous les trois ans):

1° Les membres du Conseil presbytéral du chef-lieu consistorial.

2° Un nombre égal de représentants laïques nommés par les paroisses sectionnaires les plus populeuses.

3° Un délégué laïque par Conseil presbytéral sectionnaire.

4° Tous les pasteurs du ressort parmi lesquels s'élit le président tous les trois ans.

5. *Deux cent dix-huit Conseils presbytéraux*
dans lesquels siégent 251 *pasteurs.*

Sont membres du Conseil presbytéral (dont la partie laïque se renouvelle par moitié tous les trois ans):

1° Le pasteur, ou les pasteurs de la paroisse; (le pasteur, ou le plus ancien des pasteurs remplit les fonctions de président).

2° De quatre à sept laïques nommés par le suffrage paroissial.

TABLEAU SYNOPTIQUE
de l'organisation de l'Église réformée.

---

1. *Le Conseil central.*

Sont membres à vie du Conseil central :

Le président	1
Les deux plus anciens pasteurs de Paris	2
Douze autres membres	12
(Un secrétaire avec voix consultative.)	
Total des membres ayant voix délibérative	15

2. *Vingt et un synodes.*

Sont membres du synode (à réélire à chaque convocation) :

Un pasteur par chacun des cinq consistoires de l'arrondissement synodal	5
Un député laïque de chacun des cinq consistoires de l'arrondissement synodal	5
Total des membres du synode	10

3. *Cent cinq Consistoires.*

Sont membres du Consistoire (dont la partie laïque est renouvelée par moitié tous les trois ans) :

1.° Les membres du conseil presbytéral du chef-lieu consistorial.
2.° Un nombre égal de représentants laïques nommés par les paroisses sectionnaires les plus populeuses.
3.° Un délégué laïque par conseil presbytéral sectionnaire.
4.° Tous les pasteurs du ressort, parmi lesquels s'élit le président tous les trois ans.

4. *Quatre cent trent-neuf Conseils presbytéraux.*
dans lesquels siégent 516 *pasteurs.*

Sont membres du conseil presbytéral (dont la partie laïque se renouvelle par moitié tous les trois ans).

1.° Le pasteur ou les pasteurs de la paroisse (le pasteur ou le plus ancien des pasteurs remplit les fonctions de président).
2.° De quatre à sept laïques nommés par le suffrage paroissial.

ÉTAT DU PERSONNEL

du Consistoire supérieur et du Directoire de la Confession d'Augsbourg.

1. *Consistoire supérieur.*

MM. BRAUN ✻, président. (D. du 7 nov. 1850, R. VII, 198)	1
RAU ✻, professeur à la faculté de droit, membre laïque nommé par le Gouvernement. (D. du 7 nov. 1850, R. VII, 200).	1
EDEL ✻, inspecteur ecclésiastique (Temple-Neuf).	
CUVIER O✻, *idem* (Paris).	
BRUCH ✻, *idem* (St.-Thomas)	
KUNLIN, *idem* (Bouxwiller).	
BÜCHSENSCHÜTZ, *idem* (La Petite-Pierre)	8
VELTEN, *idem* (Wissembourg)	
SCHALLER, *idem* (Colmar).	
MASSON, *idem* (Montbéliard). (D. du 9 juillet 1853, R. X, 102)	
JUNG ✻, professeur à la faculté de théologie, délégué du séminaire .	1
KRATZ et GEISSLER, députés de l'inspection du Temple-Neuf . . .	
CUVIER ✻ et JUNCKER O✻, *idem* de Paris.	
BŒCKEL et RENOUARD DE BUSSIERRE ✻, *idem* de St.-Thomas. . .	
COULMANN ✻ et SCHIELLEIN, *idem* de Bouxwiller	
DRION et DE GEIGER, *idem* de La Petite-Pierre.	16
GAUCKLER et DE DIETRICH, *idem* de Wissembourg	
ULRICH et MOLK, *idem* de Colmar.	
ROSSEL et PEUGEOT, *idem* de Montbéliard. (R. X, 110 et 119) . .	
ROHR, secrétaire sans voix délibérative (R. XI, 140).	
Total	27

2. *Directoire.*

MM. BRAUN ✻, président. (D. du 7 nov. 1850, R. VII, 198)	1
EDEL ✻, inspecteur ecclésiastique. (D. du 15 sept. 1853, R. X, 109) .	1
RAU ✻, membre laïque nommé par le Gouvernement. (D. du 7 nov. 1850 R. VII, 200).	1
BŒCKEL et KRATZ, membres laïques nommés par le Consistoire supérieur. (R. X, 117).	2
ROHR, secrétaire sans voix délibérative. (R. XI, 140).	
Total	5

M. le baron ALFRED RENOUARD DE BUSSIERRE ✻, député du Bas-Rhin au corps législatif, représente, conjointement avec le Consistoire de Paris, l'autorité directoriale auprès du Gouvernement et du Chef de l'État. (R. X, 68).

ÉTAT DU PERSONNEL
du Conseil central de l'Eglise réformée.

MM. GAUTIER C✻, sénateur, sous-gouverneur de la Banque, ancien ministre, président	1
D'AUTHEVILLE (le général) ✻, député au Corps législatif	12
ANDRÉ (Ernest) ✻, banquier	
DOLLFUS (Mathieu) ✻	
FAVRE (Ferdinand) O✻, député au Corps législatif	
LAFFON DE LADÉBAT ✻, conseiller de préfecture de la Seine	
MONNIN-JAPY O✻, député au Corps législatif, maire	
MORIN, député au Corps législatif.	
ODIER (James) ✻, régent de la Banque de France	
ROLLIN (Martin) ✻, ancien pasteur, président du Consistoire de Caen	
SEYDOUX (Charles) ✻, député au Corps législatif	
VERNES (Charles) ✻, sous-gouverneur de la Banque	
N	
JUILLERAT ✻, pasteur, président du Consistoire réformé de Paris	2
COQUEREL père ✻, pasteur du Consistoire réformé de Paris	
READ, chef du service des cultes non catholiques à l'administration des cultes, secrétaire avec voix consultative.	
Total des membres ayant voix délibérative	15

(D. du 26 mars 1852, du 19 mai 1853 et du 29 novembre 1854.)

État du personnel des Facultés de Théologie.

1. *Séminaire et Faculté de Théologie de Strasbourg.*

a) Séminaire.

Professeurs : MM. Bruch ❋.
Fritz.
Jung ❋.
Reuss.
Schmidt.
Matter O ❋.
Hasselmann.
Kreiss.
Stahl.
Bartholmess ❋.

b) Faculté de Théologie.

Professeurs : MM. Bruch ❋.
Fritz.
Jung ❋.
Reuss.
Schmidt.
Richard.

2. *Faculté de Théologie de Montauban.*

Professeurs : MM. Montet ❋.
De Félice.
Jalaguier.
Sardinoux.
Nicolas.
Pédézert.
Bonifas.

3. *Faculté de Théologie de Genève.*

Professeurs : MM. Chenevièvre.
Munier.
Diodati.
Chastel.
Oltramare.

ÉTAT DU PERSONNEL

des inspecteurs tant ecclésiastiques que laïques de la Confession d'Augsbourg,

1. *Inspecteurs ecclésiastiques.*

Temple-Neuf : M. EDEL ✻.
Paris : M. CUVIER O✻.
Saint-Thomas : M. BRUCH ✻.
Bouxwiller : M. KUNLIN.
La Petite-Pierre : M. BÜCHSENSCHÜTZ.
Wissembourg : M. VELTEN.
Colmar : M. SCHALLER.
Montbéliard : M. MASSON (D. du 9 juillet 1853 ; R. X, 102).

2. *Inspecteurs laïques.*

Temple-Neuf : MM. BLŒCHEL ✻ et STUMPFF.
Paris : MM. N. et COULMANN ✻.
Saint-Thomas : MM. LAUTH et DIETZ.
Bouxwiller : MM. SCHIELLEIN et LAUTH.
La Petite-Pierre : MM. WACK et WEISS.
Wissembourg : MM. LÆDLEIN et SCHERER.
Colmar : MM. HARTMANN O✻ et SALTZMANN.
Montbéliard : MM. FALLOT et NOBLOT (confirmés par Décret du 15 sept. 1853 ; R. X, 110).

Liste des paroisses de la Confession d'Augsbourg

dont les titulaires sont rétribués en tout ou en partie sur les revenus curiaux, et dont, sans cette circonstance, le Gouvernement serait obligé de faire les frais, c'est-à-dire qu'en l'absence des biens ecclésiastiques ces paroisses seraient à la charge des contribuables tant catholiques que protestants.

1° Traitements servis en entier sur les revenus curiaux.

Geudertheim.
Weitbruch.
Sessenheim.
Bouxwiller, 1er pasteur.
Saint-Thomas, 1er pasteur.
Saint-Nicolas, 1er pasteur.
Sainte-Aurélie, 1er pasteur.
Wolfisheim.
Wœrth.
Bouxwiller, 2e pasteur.
Ingwiller.
Schillersdorf.
Pfaffenhoffen.
Saar-Union.
Obermodern.
Printzheim.
Ringendorf.
Kirrwiller.
Imbsheim.
Wickersheim.

2° Traitements servis en partie sur les revenus curiaux.

Gries.
Saint-Pierre-le-Vieux, 1er pasteur.
Brumath, 1er pasteur.
Herbitzheim.
Weiterswiller.
Hohwiller.
Illkirch.
Ingenheim.
Bühl.
Gumbrechtshoffen.
Mietesheim.
Oberbronn.
Saint-Pierre-le-Vieux, 2e pasteur.
Oberbetschdorf.
Gœrsdorf.
Reitwiller.
Soultz-sous-Forêts.
Trænheim.
Saint-Thomas, 2e pasteur.
Saint-Thomas, 3e pasteur.
Keskastel.
Eckwersheim.
Birlenbach.
Niederbronn.
Gundershoffen.
Weinbourg.
Vendenheim.
Oberhoffen.
Hangenbieten.
Hœrdt.
Zutzendorf.
Pistorf.
Brumath, 2e pasteur.
Obenheim.
Diemeringen.
Mittelhausen.
Eckbolsheim.
Weyer.

Sundhausen.
Harskirchen.
Preuschdorf.
Müttersholz.
Goxwiller.
Engwiller.
Hatten.
Rittershoffen.
Berg.
Rothbach.
Baldenheim.
Drulingen.
Duntzenheim.
Bläsheim.
Wolfskirchen.
Frœschwiller.
Runtzenheim.
Wingen.
Altwiller.
Lorentzen.
Urwiller.
Westhoffen.
Niederrœdern.
Saint-Pierre-le-Jeune, 1er pasteur.
Alteckendorf.
Bütten.
Dossenheim.
Gerstheim.
Offwiller.
Waltenheim.
Temple-Neuf, les 4 pasteurs.
La-Petite-Pierre.
Boofzheim.
Ernolsheim.
Hirschland.
Saint-Nicolas, 2e pasteur.
Sainte-Marie-aux-Mines.
Durstel.
Heiligenstein.
Entzheim.
Jebsheim.
Langensulzbach.
Berstett.
Gertwiller.
Breuschwickersheim.
Mittelbergheim.
Wimmenau.
Hambach.
Oberhausbergeu.
Scharrachbergheim.
Schiltigheim.
Dehlingen.
Lembach.
Niederkutzenhausen.
Lampertheim.
Tiefenbach.
Andolsheim.
Moswiller.
Wangen.
Lohr.
Ballbronn.
Waldbach.
Habsheim.
Fürdenheim.
Mühlbach, 1er pasteur.
Andolsheim.
Bischheim.
Neuwiller (canton de Saverne).
Sundhoffen.
Ostheim.
Romanswiller.
Wasselonne.
Dorlisheim.
Valentigney.
Rott.
Rothau.
Kaufenheim.
Beblenheim.
Barr, 1er pasteur.
Kolbsheim.
Mittelwihr.
Abbévillers.
Neuwiller (Ban-de-la-Roche).
Zehnackern.
Zoppenheim.
Mühlbach.
Wissembourg, 1er pasteur.
Schwindratzheim.
Étupes.
Allenjoie.
Desandans.
Saint-Julien.

Ouvrages à consulter.

Le Moniteur universel (depuis 1789).

Le Bulletin des lois (idem).

Circulaires (ministérielles), instructions et autres actes relatifs aux affaires ecclésiastiques (publiées d'après les ordres du Ministre). Paris, 1841. Ce volume contient tout ce qui concerne nos affaires ecclésiastiques à partir de l'an X jusqu'au 1er juillet 1840, excepté les années 1824-1830, où l'administration du culte protestant était distraite du ministère des affaires ecclésiastiques. Compulsez, pour ces six années, les circulaires du ministère de l'intérieur.

Projet de Code ecclésiastique, ou Recueil des lois, arrêtés du Gouvernement, etc., relatifs à l'administration des cultes, par M. Reverchon. Paris, 1842 (Publication officielle du Conseil d'État. Par ordre chronologique).

Recueil officiel des actes du Directoire (depuis 1840).

De Champeaux, Le droit civil ecclésiastique français; recueil selon l'ordre chronologique, etc. Paris, (1848) 2 vol. Quoique l'auteur n'ait en vue que l'Église catholique, son ouvrage n'en est pas moins éminemment utile à consulter. Il en est de même de l'ouvrage suivant :

Vuillefroy, Traité de l'administration du culte catholique (en France). Paris, 1842. Par ordre alphabétique. C'est d'après lui que nous citons les avis du Conseil d'État.

De Bray, Annales administratives des églises chrétiennes évangéliques de France. Niort, 1842. Donne les documents par ordre chronologique à partir de l'an X, mais seulement jusqu'en 1818. Le deuxième volume n'a point paru.

Blanc, Petit manuel d'administration pour les affaires du culte catholique. Paris, (1852) (Brochure indiquant les pièces exigées par l'administration pour l'instruction des demandes adressées au ministère).

(*Vierling*), Code ecclésiastique. Strasbourg, 1811. C'est un recueil annoté des dispositions du Code Napoléon et du Code pénal, relatives à l'Église et à ses ministres.

Cunitz, Heydenreich et Reuss, *Von den Amtsbefugnissen der Consistorien*, dans le *Archiv der Strassburger Pastoral-Conferenz*. Tome I. Strasbourg, 1847.

Read, Note de statistique administrative sur les cultes non catholiques en France. Paris, 1851. (Article extrait du Journal des économistes, août 1851.)

Vivien, Études administratives. Paris, 1852. 2 vol. Voir au deuxième volume le titre 3 sur les cultes, p. 235-362.

Buob, (Considérations sur) le Décret du 26 mars 1852. Strasbourg, 1852 (Brochure qui a été honorée de l'approbation de nos autorités supérieures).

(Mæder), *Die protestantische Kirche Frankreichs von* 1787 *bis* 1846, *herausgegeben von Gieseler.* Leipzig, 1848. 2 vol.

Bruch, *Zustände der protestantischen Kirche Frankreichs.* (*Studien und Kritiken*, 1843.)

Cunitz, Considérations historiques sur le développement du droit ecclésiastique protestant en France. Strasbourg, 1840.

Schneegans, Vues générales sur l'enseignement du droit ecclésiastique en France. Strasbourg, 1840.

TABLE ALPHABÉTIQUE.

D.

E.

F.

G.

I.

L.

T.

U.

V.

Table des matières.

Appendice.

PROSPECTUS.

Nous croyons que cet ouvrage, fruit de travaux consciencieux, sera lu avec intérêt par toutes les personnes qui veulent s'instruire des événements encore assez peu connus de l'histoire du protestantisme en France. L'auteur est sobre de réflexions, il fait connaître les faits, laissant à chacun à les apprécier.

Une table très-complète des noms de personnes et des noms de lieux, dont il est fait mention, termine le second volume. D'une utilité réelle pour toutes les recherches qu'on sera désireux de faire, elle donne encore le moyen de suivre la filiation des événements se rattachant aux mêmes personnes et aux mêmes lieux. On a cru devoir ajouter un répertoire des matières principales, qui rapproche et lie entre eux les nombreux arrêts rendus pendant cette période de l'histoire du protestantisme.

Nous ne pouvons donner une meilleure idée de l'esprit de cet ouvrage qu'en transcrivant une partie de l'avant-propos.

«J'ai entrepris, dit M. Drion, d'écrire l'histore chronologique de l'Église protestante de France. Des publications récentes, accueillies avec faveur, semblaient rendre difficile une tâche si bien remplie par mes devanciers. Je me suis rassuré en constatant que le plan de mon travail diffère essentiellement de celui qui a servi de base à leurs travaux.

«Ce n'est pas une histoire proprement dite, c'est presqu'une chronique que je livre au lecteur. Les faits historiques, législatifs, judiciaires, qui se rattachent à l'Église protestante française, s'y succèdent dans l'ordre de leurs dates, et présentent, dans leur diversité même, le tableau animé des mœurs, des passions, des institutions et des lois du temps auquel ils se rapportent.

«Un pareil ouvrage restait à faire. Il pourra servir de guide à ceux qui, dans l'étude de l'histoire, aiment à suivre la succession des faits, et il expliquera une foule d'événements par le simple rapprochement des dates. Les hommes les plus instruits et à qui ce travail semblerait le moins nécessaire, seront, peut-être, les premiers à s'en applaudir, parce qu'en facilitant leurs recherches, il leur évitera une grande perte de temps.

«C'est surtout à un recueil de ce genre qu'il convient d'appliquer le précepte de Quintilien: *Scribitur ad narrandum, non ad probandum;* aussi me suis-je appliqué à laisser à l'histoire sa voix grave et sévère sans amoindrir ses leçons par trop de commentaires qui, à tout prendre, ne seront jamais que le reflet d'une conviction presque toujours influencée par la direction des études, le culte confessionnel, ou les traditions de la famille.

«Intimement convaincu que l'étude des documents législatifs et des fastes judiciaires forme l'une des parties les plus instructives et les plus curieuses de l'histoire des peuples, j'ai eu soin d'indiquer la date exacte et de donner l'analyse, quelquefois même le texte des édits, des déclarations et des arrêts du Conseil, si nombreux et si divers, qui ont exercé leur influence, à quelque titre que ce soit, sur la position des protestants français. J'ai rendu cette partie de mon travail aussi complète que possible. Il n'en est pas de même des actes judiciaires. L'on comprend que j'ai dû me borner à rapporter les décisions les plus importantes, puisqu'il eût été impossible de compulser tous les greffes des anciennes Cours de parlement et de ceux des tribunaux inférieurs. Le résultat d'un travail de cette nature aurait augmenté démesurément le nombre de ces feuilles sans utilité réelle pour le lecteur.

«L'histoire du Protestantisme français se divise naturellement en cinq périodes distinctes. *La première* s'étend depuis sa naissance jusqu'à la publication de l'Édit de Nantes en 1598. *La seconde* comprend l'histoire de l'Édit jusqu'à la prise de La Rochelle en 1628. *La troisième* embrasse le temps qui s'est écoulé depuis 1628 jusqu'à la révocation de l'Édit en 1685. *La quatrième* renferme l'histoire de l'Église depuis 1685 jusqu'à l'Édit de tolérance de Louis XVI en 1787, et *la cinquième* retrace les événements survenus jusqu'à nos jours.

«L'ouvrage que je publie en ce moment ne raconte que les faits qui se rattachent aux trois premières périodes. Ces faits présentent peut-être l'intérêt le plus palpitant de l'histoire entière de l'Église et c'est à eux surtout, que peut s'appliquer l'épigraphe si bien choisi par la société de l'histoire du Protestantisme français : «Vos pères où sont-ils ?»

«Dans les recherches auxquelles j'ai dû me livrer, j'ai compulsé avec soin les ouvrages et les mémoires de l'époque dont je compte, plus tard, donner le catalogue raisonné. J'ai aussi puisé de nombreux renseignements dans les livres publiés plus récemment par MM. Haag, de Félice, Merle d'Aubigné, Vaurigaud, Weiss, Eichhorn, Weber et Ranke, et dans le Bulletin de la Société de l'histoire du Protestantisme français, placé sous la direction éclairée et persévérante de son honorable président, M. Ch. Read.»

LES ÉDITEURS.

RECUEIL DE POÉSIES,

DÉDIÉ A LA JEUNESSE CHRÉTIENNE

par **FR. WALTHER.**

1 vol. in-12 de 300 pages, 1 fr. 60 c. — 1.re partie séparément : 60 c.

LECTURES

POUR LES ENFANTS.

1re Partie, en gros caractères.

5.e Édition in-18 de 180 pages, cart. 60 c.

LECTURES

POUR LES ENFANTS.

2e Partie, en caractères moyens.

3.e Édition in-18 de 216 pages, cart. 70 c.

LIVRES DE PRIX POUR LA JEUNESSE PROTESTANTE,

in-18. cart. avec belles couvertures gaufrées or et argent ou or et couleur.

Prix : 60 à 80 c. le volume.

Le catalogue détaillé des ouvrages composant la collection sera envoyé aux personnes qui ne l'ont pas encore reçu et qui voudront bien en faire la demande.

PSAUMES ET CANTIQUES

POUR L'ÉDIFICATION PUBLIQUE ET PARTICULIÈRE.

2e Édition, in-18, 1 fr. 50 c.

RECHERCHES CRITIQUES SUR L'ÉPITRE DE JUDE

présentant une introduction à l'épître et un commentaire sur chaque verset.

PAR E. ARNAUD.

In-8.o Prix : 4 francs.

LE PETIT CATÉCHISME ÉVANGÉLIQUE

In-18o, broch. 15 c., cart. 20 c.

Le même expliqué par des passages de l'Écriture

PAR CH. CUVIER. — In-18, cart. 80 c.

HISTOIRES DE L'ANCIEN ET DU NOUVEAU TESTAMENT

LITTÉRALEMENT EXTRAITES DE LA BIBLE

D'APRÈS **ZAHN.**

2.e Édition, in-12, cart. 1 fr. 25 c.

Strasbourg, impr. de V.e Berger-Levrault.

www.ingramcontent.com/pod-product-compliance
Lightning Source LLC
LaVergne TN
LVHW050413160826
845677LV00002BA/366

* 9 7 8 2 3 2 9 7 9 2 2 7 9 *